中等职业教育财经商贸类系列教材
会计专业校企合作创新成果

会计基础

KUAIJI JICHU

主　编◎孙洪丽
副主编◎杨国春　赵平江　闫　华
　　　　徐兰英　肖中华
参　编◎王春燕　宁菲菲　翟　佳　姚　霞

北京师范大学出版集团
BEIJING NORMAL UNIVERSITY PUBLISHING GROUP
北京师范大学出版社

图书在版编目（CIP）数据

会计基础 / 孙洪丽主编．—北京：北京师范大学出版社，2020.12

ISBN 978-7-303-26401-8

Ⅰ．①会… Ⅱ．①孙… Ⅲ．①会计学－中等专业学校－教材 Ⅳ．①F230

中国版本图书馆 CIP 数据核字（2020）第 199339 号

营销中心电话 010-58802755 58801876
北师大出版社职业教育分社网 http://zjfs.bnup.com
电子信箱 zhijiao@bnupg.com

出版发行：北京师范大学出版社 www.bnup.com
北京市西城区新街口外大街 12-3 号
邮政编码：100088
印 刷：天津旭非印刷有限公司
经 销：全国新华书店
开 本：787 mm × 1092 mm 1/16
印 张：14.75
字 数：290 千字
版 次：2020 年 12 月第 1 版
印 次：2020 年 12 月第 1 次印刷
定 价：38.00 元

策划编辑：鲁晓双 责任编辑：薛 萌
装帧设计：焦 丽 版式设计：焦 丽
责任校对：包冀萌 责任印制：陈 涛

前　言

为贯彻落实《国家职业教育改革实施方案》，践行“立德树人”，聚焦“学科核心素养”，配合各职业院校、技工院校模式创新和课程改革，帮助学生“学有兴趣、学有乐趣、学有成效”，我们联合中等职业学校、技工院校一批学术水平较高、教学经验较丰富、实际操作能力较强的骨干教师及会计行业的财务专家，共同打造了中等职业学校会计专业校企合作系列教材。

“会计基础”是中等职业学校会计专业的核心课程，我们在课程教材的编写中力求做到“面对学生、面对企业、面对未来”：教材内容以学生为主体，将核心知识与学生学情相结合；教材中的案例均来自企业实际工作，实现教材内容与实践接轨；教材充分考虑培养学生的未来就业能力，为学生胜任将来的工作做准备。

教材依据《中等职业学校会计专业教学标准（试行）》编写，共设置了八个项目，按照企业实际工作任务，由浅入深地介绍了会计的概念、对象、职能，会计科目与账户，借贷记账法，会计凭证，会计账簿，财产清查及会计报表等内容。教材结构清晰，实用性强，既可作为各职业院校会计、经济等专业教材，也可供社会在职人员培训使用，还可作为会计从业人员的自学读本。教材具有以下四个方面的特色。

1. 以会计行业最新法规、准则为依据，坚持“必需、够用”原则。教材以新修订的《企业会计准则》及相关细则为依据，参考会计人员职称考试要求，充分体现国家财经政策、法规的改革内容，注意反映会计工作实践中出现的新情况和新问题，以强化专业基础知识、培养学生实际操作能力为重点，较完整地阐述了会计基础知识、会计核算方法和基本技能，重实务、重操作，突出职业教育的特色。

2. “情境式”的内容设计，“身临其境”的学习体验。“基础会计”历来被认为是理论性较强的课程，对于初学者来说内容枯燥乏味且难学。教材采用“情境串联”的编写模式，将基础知识细化为若干个小的教学情境，从会计人员在公司中担任的具体角色和工作内容的角度展开说明会计的专业知识，真正体现“做中学、学中做”，使读者在身临其境的感受中学习和掌握专业知识。

3. 遵从学生认知规律，“学、做、练”相结合。结合职业院校、技工院校会计专业的自身特点和学生的学习现状，在教材的内容安排和编写过程中力求做到内容新颖、通俗易懂，尽量使所介绍的会计理论和会计方法易于理解；在结构安排和表达方式上，由浅入深，循序渐进；为提高学生的学习兴趣，本书在关键知识点部分穿插了“问一问”“想一想”“做一做”等栏目，强调师生互动和学生自主学习，精心设计技能训练，并在课后附有大量的练习题和思考题，巩固所学知识。

4. 贯彻“互联网 + 职业教育”理念，借助数字资源连通线上线下、衔接课堂内外。本教材是一本融合媒体教材，配有教学大纲、微课、课件、教案、习题等教学资源，便于教师实现更加灵活的上课形式，也便于帮助学生巩固所学知识。

教材由孙洪丽担任主编，负责全书的统筹、修改、定稿和数字资源制作工作，杨国春、赵平江、闫华、徐兰英、肖中华担任副主编。参加本书编写的人员有：青岛开放大学孙洪丽老师（项目一）、烟台工贸技师学院王春燕老师（项目二）、山东技师学院宁菲菲老师（项目三）、日照市技师学院闫华老师（项目四）、青岛市技师学院徐兰英老师（项目五）、青岛市技师学院赵平江老师（项目六）、济宁市技师学院杨国春老师（项目七）、山东省城市服务技术学院肖中华老师（项目八）。为了使教材更符合企业实际，我们还邀请了两位来自企业的财务专家翟佳、姚霞参加了教材的编写，他们为教材提供了案例和技术支持，并对每个项目的情境设定都给予了宝贵意见。

教材的编写借鉴和吸收了国内外会计教学和实践的新成果，参考了一些专著、教材及相关文献。教材的编写还得到了诸多院校领导及北京师范大学出版社的大力支持，在此一并表示感谢！

由于编者的理论知识和实践能力有限，书中错漏之处在所难免，恳请广大读者在教材使用过程中给予批评指正，并将意见和建议及时反馈给我们，以便进一步修订完善。

编　者

2020 年 7 月

目　录

项目一　走进会计王国

在快速发展的经济时代，无论在生活中，还是在工作中，会计无处不在。我们毕业后主要从事企业的会计工作，那么，什么是企业？企业都在干什么？企业需要会计做什么？作为未来的会计人员，就让我们先来认知一下企业吧。

任务一　认知企业

【任务目标】

知识目标：熟知企业的特征。

能力目标：能按照企业的业务对企业进行正确分类。

素养目标：对企业有初步的认同，拓展自己的知识面，培养社会实践能力。

【学习准备】

资料准备：收集、认知企业所需的各种信息。

学时安排：讲授 2 学时，专业实践 4 学时。

【知识结构图】

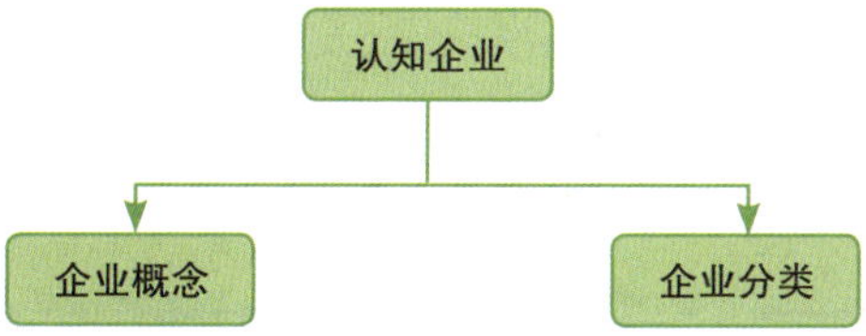

活动 1　描述企业

想一想

1. 你所知道的知名企业有哪些?
2. 观察一下你身边的企业每天具体都在做哪些事情。

企业是指集合了一定的生产资料和劳动力，从事产品的生产、流通或者服务的活动，向社会提供商品或劳务，自主经营、独立核算、自负盈亏，具有法人资格的经济组织。它具有以下特征：

（1）是经济组织；

（2）在经济上是独立的；

（3）是以营利为目的的；

（4）具有法人资格，可以独立承担民事责任；

（5）具有完整的组织机构。

活动 2　探究企业

做一做

1. 通过网络查询和社会调研，了解下面这些单位的生产经营内容，并且将了解的内容填入 B 项。
2. 请参考下一页的“企业按所属行业分类”，选择你认为企业的所属行业填入 C 项。

企业（A）	生产经营内容（B）	所属行业（C）
北京沃尔玛超市（建国路店）	主营生鲜食品、服装、家电等，经营近两万种商品	
阿里巴巴		
麦当劳		
耐克公司		
百事公司		
飞利浦公司		

续表

企业（A）	生产经营内容（B）	所属行业（C）
大众汽车公司		
万达电影		
国美电器		
青岛海信视像科技股份有限公司		
中国银行山东省分行		

企业按所属行业分类

一、农、林、牧、渔业

二、采矿业

三、制造业

1. 食品加工与食品、饮料制造业

2. 烟草制品业

3. 纺织业、化学纤维制造业

4. 服装、鞋帽、皮革制造业

5. 木材加工和木、竹、藤、棕、草制品，以及家具制造业

6. 造纸及纸制品、印刷业、文教体育、办公用品制造业

7. 非金属矿物制品业（含水泥、玻璃、陶瓷、耐火材料等）

8. 黑色金属、有色金属冶炼及压延加工业

9. 金属制品业

10. 石油加工、炼焦加工业

11. 化学原料及化学制品制造业

12. 医药制造业

13. 橡胶制品、塑料制品业

14. 通用设备和专用设备制造业

15. 交通运输设备制造业

16. 电气机械及器材、线缆制造业

17. 通信设备、计算机及其他电子设备制造业

18. 仪器仪表制造业

19. 工艺品等其他制造业

四、电力、热力、燃气及水的生产和供应业

五、环境和公共设施管理业

六、建筑业

七、交通运输、仓储业和邮政业

八、信息传输、计算机服务和软件业

九、批发和零售业（商业）

十、住宿、餐饮业

十一、金融、保险业

十二、房地产业

十三、租赁和商务服务业

十四、科学研究、技术服务和地质勘查业

十五、水利、环境和公共设施管理业

十六、居民服务和其他服务业

十七、教育

十八、卫生、社会保障和社会服务业

十九、文化、体育、娱乐业

二十、综合（含投资类、主业不明显）

二十一、其他

实践练习

1. 请将上述你认为与下列企业类型相匹配的对应号码分别填入下列图片下的括号内。

中国石油 （　）	Carrefour 家乐福 （　）	北京现代 （　）	中国建设银行 China Construction Bank （　）
Pizza Hut （　）	万达百货 WANDA DEPT. STORE （　）	China unicom 中国联通 （　）	亨得利 HENGDELI （　）
中国平安 PING AN OF CHINA 专业·价值 （　）	AIR CHINA 中国国际航空公司 （　）	美的 Midea （　）	ANTA （　）

2. 利用周末时间到附近的商场、超市、酒店、银行、工厂去看，去听，去抄录身边关于企业的相关信息，回校后分小组讨论所见、所闻及对企业的感知和分类。

任务二　认知会计

【任务目标】

知识目标：掌握会计的职能及对象。

能力目标：能根据企业的业务叙述会计核算的内容。

素养目标：对会计课程的重要性有所认识，提高对会计课程的学习兴趣。

认知会计

【教学准备】

资料准备：收集与会计相关的各种信息。

学时安排：讲授 4 学时，小组讨论 2 学时。

【知识结构图】

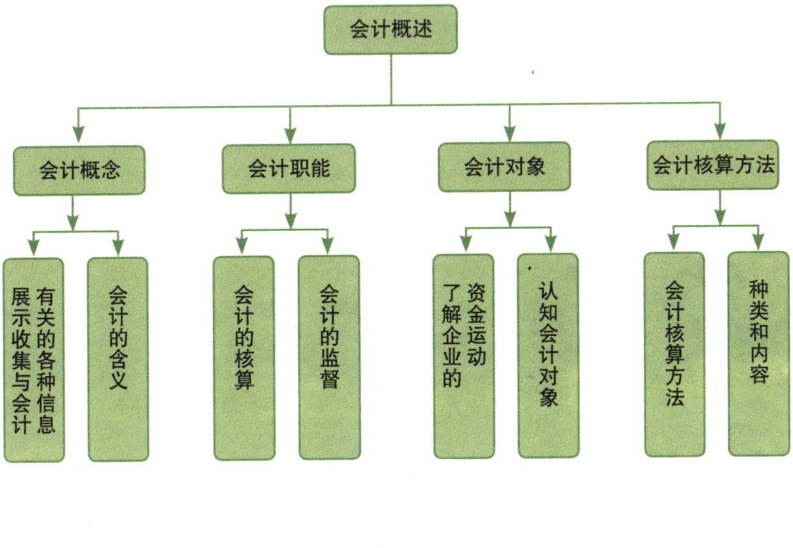

活动1　记录、计算一周收支

做一做

请你记录一下一周的收支情况。通过一周的记账，你知道了哪些信息？如何证明你的记录是正确的、可信的？和同桌交换检查一周的记录，如有不合理的收支请纠正。

展示收集与会计有关的各种信息

展示课前收集与会计相关的各种票据。拿出各自一周的收支记录，将学生分为若干个小组进行教学讨论。总结整理归纳出会计的特征，确定会计的定义。

操作：学生们拿出车票、购物发票、餐票、加油发票、工资单、记账凭证、会计账簿、会计报表等与会计相关的材料。

小组讨论：通过以上操作，说一说什么是会计及会计是干什么的。

一、什么是会计

会计是以货币为主要计量单位，核算和监督一个单位经济活动的一种经济管理活动。

会计工作本质——经济管理活动。

会计计量单位——实物量度、货币量度、劳动量度。货币为主要计量单位。

会计对象——特定单位的经济活动。

会计的基本职能——核算和监督。

二、会计的基本职能

会计的职能即会计本身具有的功能。会计的职能有很多种，而最基本的职能是会计核算和会计监督两种。

（一）会计核算职能的基本特点

会计核算职能是指会计以货币为主要计量单位，通过确认、记录、计算、报告等环节对特定主体的经济活动进行记账、算账、报账，为各有关方面提供会计信息的功能。

以货币为主要量度，对企业、机关、事业单位或其他经济组织的生产经营活动或预算执行的过程与结果进行连续地、系统地记录，定期编制会计报表，形成一系列财务、成本、成本指标，据以考核经营目标或计划的完成情况，为经营决策的制定和国民经济计划的综合平衡提供可靠的信息和资料，这是会计核算的基本特点。

（二）会计监督职能的基本特点

会计监督职能是指会计人员在进行会计核算的同时，对特定主体经济活动的真实性、合法性和合理性进行审查。

根据《中华人民共和国会计法》和其他有关会计法规的规定，会计人员进行会计监督的对象和内容是本单位的经济活动。具体内容包括：

（1）对会计凭证、会计账簿和会计报表等会计资料进行监督，以保证会计资料的真实、准确、完整、合法。

（2）对各种财产和资金进行监督，以保证财产、资金的安全，完整与合理使用。

（3）对财务收支进行监督，以保证财务收支符合财务制度的规定。

（4）对经济合同、经济计划及其他重要经营管理活动进行监督，以保证经济管理活动的科学、合理。

（5）对成本费用进行监督，以保证用尽可能少的投入获得尽可能多的产出。

（6）对利润的实现与分配进行监督，以保证按时上交税金和进行利润分配等。

会计核算与会计监督是有着密切关系的。对经济业务活动进行监督的前提是正确地进行会计核算，而可靠的会计核算资料是会计监督的依据。只有有效严格地监督，才能保证经济业务按规定进行，达到预期的目标，发挥会计参与管理的作用。

观察与思考

“现在都是老板说了算，谈什么会计监督啊！”你认为是这样吗？谈谈你的看法。

活动 2　探究会计对象

想一想

如果你给自己家当会计，有哪些事项需要核算和监督？

观察与思考

分别到一个工业企业和商品流通企业观察其所发生的经济业务。

一、什么是会计对象

会计对象是指会计核算和监督的内容。凡是特定主体能够以货币表现的经济活动，都是会计核算和监督的内容，也就是会计对象。以货币表现的经济活动通常又称为价值运动或资金运动。

二、资金运动

分别以工业企业和商品流通企业为例，图示企业资金运动。

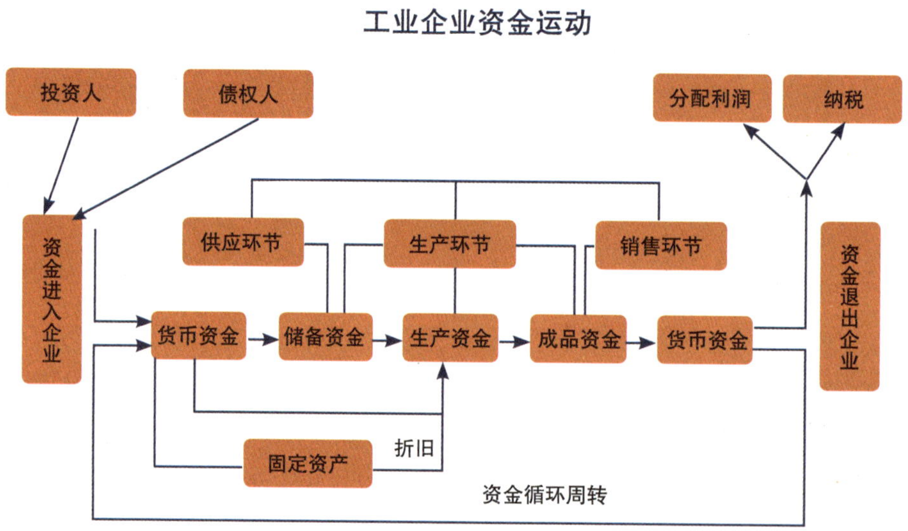

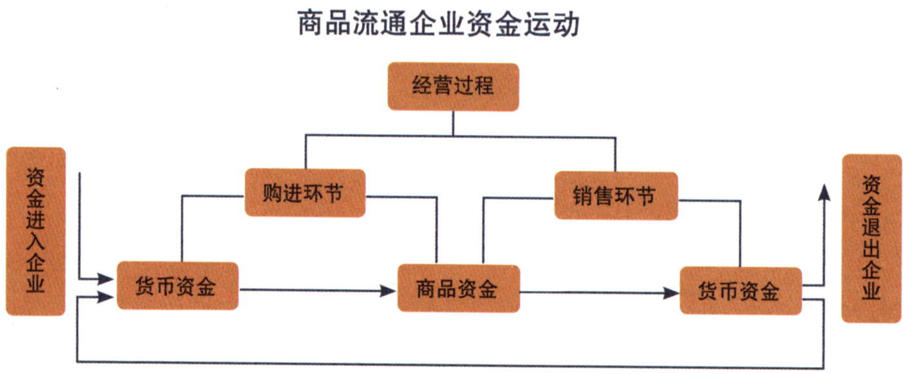

观察与思考

工业企业和商品流通企业资金运动环节有何异同？

活动 3　探究会计记账基础

想一想

某企业 5 月销售产品一批，货款 50 000 元，尚未收到。这 50 000 元是否可作为 5 月的收入？

《企业会计准则》规定：企业应当以权责发生制为基础进行会计确认、计量和报告。

权责发生制又称应收应付制，是指以应收应付作为确定本期收入和费用的标准，而不是以货币资金是否在本期收到或付出为标准。也就是说，收入和费用的时间确认，均以权利已经形成或义务（责任）已经发生为标准。以业务实际发生为标准，而不是以实际收付为标准。

权责发生制

观察与思考

某单位 1 月发生下列业务：

（1）以银行存款支付全年房租 120 000 元。

（2）销售产品 100 000 元，货款下个月才能收到。

（3）本月发生设备修理费 5 000 元，年终支付。

（4）预收货款 30 000 元，下半年交货。

要求：根据权责发生制判断该单位 1 月的收入和费用各是多少。

活动 4　熟知会计信息质量要求

一、真实性

要求企业应当以实际发生的交易或者事项为依据进行会计确认、计量和报告，如实反映符合确认和计量要求的各项会计要素及其他相关信息，保证会计信息真实可靠、内容完整。

二、相关性

要求企业提供的会计信息应当与财务会计报告使用者的经济决策需要相关，有助于财务会计报告使用者对企业过去、现在或者未来的情况做出评价或者预测。

三、明晰性

要求企业提供的会计信息应当清晰、明确，便于财务会计报告使用者理解和使用。

四、可比性

要求企业提供的会计信息应当具有可比性。同一企业不同时期发生的相同或相似的交易或事项，应当采用一致的会计政策，不得随意变更。确需变更的，应当在附注中说明。不同企业发生的相同或相似的交易或事项，应当采用规定的会计政策，确保会计信息口径一致、相互可比。

五、实质重于形式

要求企业应当按照交易或事项的经济实质进行会计确认、计量和报告，不应仅以交易或事项的法律形式为依据。

六、重要性

要求企业提供的会计信息应当反映与企业财务状况、经营成果和现金流量等有关的所有重要交易或事项。

七、谨慎性

要求企业对交易或事项进行会计确认、计量和报告，应当保持应有的谨慎，不应高估资产或收益、低估负债或费用。

八、及时性

要求企业对已经发生的交易或事项及时进行会计确认、计量和报告，不得提前或延后。

活动 5　分清会计核算方法

一、会计方法的含义及种类

会计方法是指用来核算和监督会计对象、执行会计职能、实现会计目标的手段。会计方法是人们在长期的会计工作实践中总结创立，并随着生产发展会计管理活动的复杂化而逐渐地完善和提高的。

会计方法包括会计核算、会计分析、会计考核、会计预测和会计决策五种具体方法。基础会计主要学习会计核算方法。

二、会计核算方法的种类和内容

会计核算的基本方法有七种，包括：①设置会计科目和账户；②复式记账；③填制和审核会计凭证；④登记账簿；⑤成本计算；⑥财产清查；⑦编制会计报表。这七种核算方法在实际工作中运用的基本程序是：按照规定的会计科目设置会计账簿，运用复式记账法，根据单位发生的经济业务填制和审核会计凭证，登记会计账簿，按产品成本计算对象计算产品成本，定期或不定期进行财产清查，根据会计账簿编制会计报表。

在以后的学习中，每种方法都是我们学习的重点。

项目二　认知会计要素

会计要素是会计核算的具体内容。作为会计要从事企业的会计核算，首先要掌握核算的内容有哪些。这是会计入门的关键环节。先了解企业的经济业务，然后将经济业务进行归纳分类，概括为资产、负债、所有者权益、收入、费用、利润六大会计要素。

任务一　熟知企业的经济业务事项

【任务目标】

知识目标：认知企业的经济业务事项。

能力目标：能描述企业的简单经济业务事项。

素养目标：了解企业经济业务实质，提高对会计工作重要性的认识。

【学习准备】

资料准备：收集、了解和认知经济业务事项的所有信息。

学时安排：讲授 2 学时，小组讨论 2 学时。

【知识结构图】

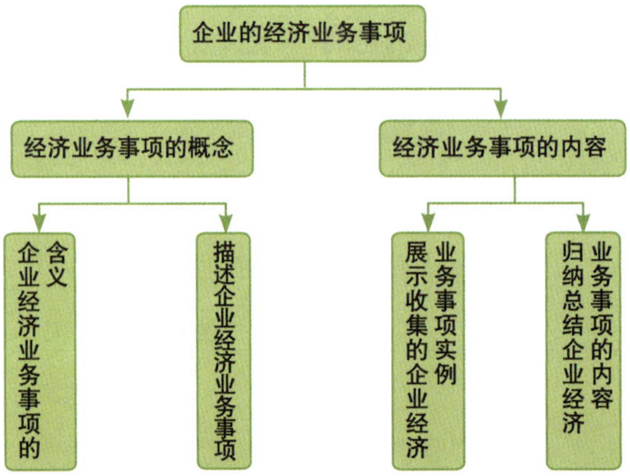

活动 1　找出班级发生的经济业务事项

做一做

班级发生的这些事项，你认为哪些是经济业务事项，用“√”或“X”表示。

（1）用班费购入 10 个笔记本作为奖品。（　　）

（2）有一名同学调到别的专业。（　　）

（3）写了借条，从别的班级借了 4 个课桌。（　　）

（4）卖废品收入 10 元，作为班费。（　　）

（5）班级获得运动会团体第一名。（　　）

（6）一名同学把窗玻璃打碎，赔偿了 20 元。（　　）

经济业务事项也称会计事项，是指能够引起会计要素的金额发生增减的交易或事项。经济业务是会计工作一般对象的单项内容，是会计对象的具体表现形式。

做一做

根据你对经济业务事项的理解，检验一下对上述的业务判断是否正确。

活动 2　列举企业的经济业务事项

做一做

以制造业为例，会计人员日常工作中要处理哪些经济业务事项？请每位同学把课前收集的经济业务实例予以整理、描述。

各小组长把本组成员所收集的经济业务事项予以归类、汇总，以小组为单位分类展示企业的经济业务类别，看哪个小组收集的经济业务最全面。

企业在生产经营过程中不断地发生着经济活动，如购买原材料、生产车间领用原材料、销售商品、支付职工薪酬、取得借款、支付利息等。企业在生产经营过程中发生的经济活动大多能够以货币为计量单位进行计量和反映，并引起会计要素的金额发生增减变化。因此，企业实际发生的经济活动是经济业务的基础和主要构成内容。

制造业企业在生产经营过程中发生的主要经济业务有：

（1）资金筹集业务。企业要进行生产经营，首先要有资金。企业的资金按筹集方式不同可分为自有资金和借入资金，分别形成所有者权益和负债。

（2）供应过程业务。在供应过程中，企业要用货币资金购买生产所需的原材料，这时资金由货币资金形态转化为储备资金形态。

（3）生产过程业务。在生产过程中，企业要消耗所购入的原材料，厂房、机器设备等固定资产也会因使用而发生磨损，企业还必须用货币支付职工的劳动报酬等，这些耗费形成了产品的生产成本，以在产品（尚未加工完成的产品）的形式存在，称为生产资金。产品完工入库后，资金又从生产资金形态转化为成品资金形态。

（4）销售过程业务。在销售过程中，企业要将产品销售出去，收回货币资金，实现经营收入，这时资金又从成品资金形态转化为货币资金形态。

（5）财务成果形成与分配业务。企业在生产经营过程中还会发生期间费用，这些费用按一定的会计期间（通常是按月）进行归集，从当期损益中予以扣除。期间费用包括为管理企业的生产经营活动而发生的管理费用、为筹集资金而发生的财务费用及为销售产品而发生的销售费用。为了及时总结企业在一定时期内的经营成果，需计算出本会计期间实现的利润或发生的亏损，即财务成果。对企业实现的利润，一要以所得税的形式上交国家；二要留存企业作盈余公积金，以满足企业扩大生产经营的需要；三要以分红（或股利）的形式分派给投资者。另外，企业还要归还到期的借款，偿还所欠供应单位的应付账款，这些又形成资金退出企业的经济业务。

小提示

有些经济活动不构成经济业务，如签订经济合同或协议等。

做一做

通过以上所做的一切，归纳一下企业的会计核算内容包括哪几类？每类举一个例子。

会计核算的内容

会计核算的内容就是单位的交易或事项，我国《会计法》第十条对会计核算的内容做了具体规定（共七类）。

第一类，款项和有价证券的收付。

款项是作为支付手段的货币资金，主要包括现金、银行存款，以及其他视同现金和银行存款的银行汇票存款、银行本票存款、信用卡存款、信用证存款等。

有价证券是指表示一定财产拥有权或支配权的证券，如国库券、股票、企业债券等。

第二类，财物的收发、增减和使用。

财物是财产、物资的简称，企业的财物是企业进行生产经营活动且具有实物形态的经济资源，一般包括原材料、燃料、包装物、低值易耗品、在产品、库存商品等流动资产，以及房屋、建筑物、机器、设备、设施、运输工具等固定资产。

第三类，债权、债务的发生和结算。

债权是企业收取款项的权利，一般包括各种应收和预付款项等。债务则是指由于过去的交易、事项形成的企业需要以资产或劳务等偿付的现时义务，一般包括各项借款、应付和预收款项，以及应交款项等。

第四类，资本的增减。

资本是投资者为开展生产经营活动而投入的资金。会计上的资本专指所有者权益中的投入资本。

第五类，收入、支出、费用、成本的计算。

收入是指企业在销售商品、提供劳务，以及让渡资产使用权等日常活动中所形成的经济利益的总流入。

支出是指企业所实际发生的各项开支，以及在正常生产经营活动以外的支出和损失。

费用是指企业为销售商品、提供劳务等日常活动所发生的经济利益的流出。

成本是指企业为生产产品、提供劳务而发生的各种耗费，是按一定的产品或劳务对象所归集的费用，是对象化的费用。

第六类，财务成果的计算和处理。

财务成果主要是指企业在一定时期内通过从事生产经营活动而在财务上所取得的结果，具体表现为盈利或亏损。财务成果的计算和处理一般包括利润的计算、所得税的计算、利润分配或亏损弥补等。

第七类，需要办理会计手续、进行会计核算的其他事项。

观察与思考

判断企业下列经济业务事项分别属于哪一类经济业务事项（结合“会计核算的内容”，一共七类）：

（1）到银行提取现金 40 000 元备用。

（2）收到 A 公司投入的资本金 200 000 元，存入银行。

（3）收回客户前欠货款 96 000 元，其中 95 000 元存入银行，1 000 元现金收讫。

（4）购入原材料一批，价款 100 000 元，以银行存款支付。（假定不考虑相关税费）

（5）开出转账支票支付广告宣传费 50 000 元。

（6）计算出本月应交所得税 20 000 元。

（7）销售产品一批，价款 50 000 元已存入银行。（暂不考虑相关税费）

（8）通过银行发放本月职工工资 150 000 元。

任务二　会计要素的确定

【任务目标】

知识目标：理解会计要素的含义及特征。

能力目标：能按照经济特征对会计要素进行正确分类。

素养目标：培养学生系统完整地掌握问题的能力，为会计学习打下良好基础。

【学习准备】

资料准备：收集、了解和认知会计要素的所有信息。

学时安排：讲授 6 学时，小组讨论 6 学时，专业实践 4 学时。

【知识结构图】

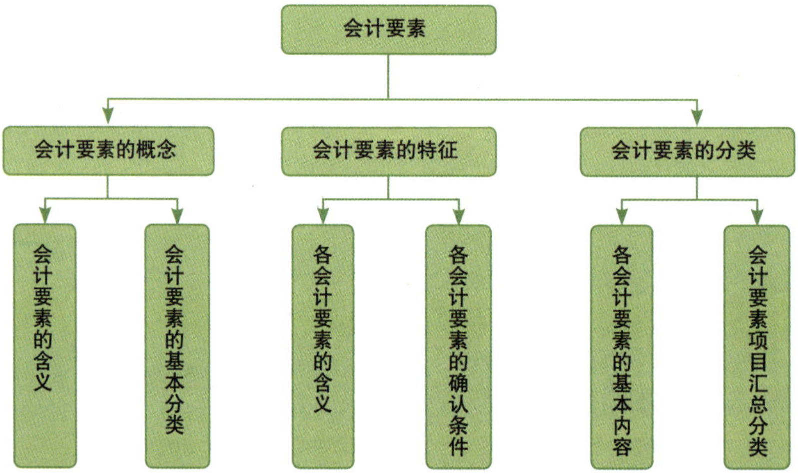

活动1　认知会计要素

想一想

回顾项目一的相关专业知识，想想会计对象与会计要素的关系。

会计要素就是将会计对象按其经济特征所做的基本分类，是会计核算对象的具体化，也是构成会计报表的基本要素。企业会计要素包括资产、负债、所有者权益、收入、费用和利润六大要素。其中，资产、负债和所有者权益反映企业一定时日的财务状况，构成资产负债表要素；收入、费用和利润反映企业一定期间的经营成果，构成利润表要素。

认知会计要素

小提示

学生张平问老师：怎样区分资产、负债、所有者权益、收入、费用和利润？老师告诉他：每一会计要素的特征各不相同，确认的条件也就不同。

活动2　探究资产

想一想

教室里都有哪些资产？学校里有哪些资产？根据你所收集的资产相关内容，谈谈你对资产的认识。

一、资产的含义

（一）资产的定义

资产是指由过去的交易或事项形成的，并由企业拥有或控制的、预期会给企业带来经济利益的资源。资产具有以下三个基本特征：

（1）资产预期会给企业带来经济利益。

（2）资产必须为某一特定主体所拥有或者控制。拥有是指企业对某项资产拥有所有权，而控制则是指企业实质上已经掌握了某项资产的未来收益和风险，但是目前并不对其拥有所有权。前者泛指企业的各种财产、债权和其他权利，而后者则指企业只具有使用权而没有所有权的各项经济资源，如企业融资租入的固定资产等。

（3）资产是由过去的交易或事项所形成的。

（二）资产的确认条件

将一项资源确认为资产，需要符合资产的定义，同时需要满足以下两个条件，否则不能将其确认为企业的资产：

（1）与该资源有关的经济利益很可能流入企业。

（2）该资源的成本或价值能够可靠计量。

融资租赁

什么是融资？从狭义上讲，融资就是筹集资金；从广义上讲，融资也叫金融，就是货币资金的融通，是当事人通过各种方式到金融市场上筹措或贷放资金的行为。

融资租赁是指实质上转移与资产所有权有关的全部或绝大部分风险和报酬的租赁。具体内容是指出租人根据承租人对租赁物件的特定要求和对供货人的选择，出资向供货人购买租赁物件，并租给承租人使用，承租人则分期向出租人支付租金，在租赁期内租赁物件的所有权属于出租人所有，承租人拥有租赁物件的使用权。资产的所有权最终可以转移，也可以不转移（租期届满，按合同协议规定，租赁物件所有权可归承租人所有，也可归出租人所有）。

融资租赁与经营租赁的最大区别就是它的风险和报酬已经发生的转移，经营租赁风险和报酬没有发生转移。所以，即使所有权还属于出租人，但是我们承租人也要将它视为我们的自有资产提取折旧，但是一般的经营租赁是由出租人提取折旧，我们只拥有使用权。

融资租赁和经营租赁的本质区别是：经营租赁以承租人租赁使用物件的时间计算租金，而融资租赁以承租人占用融资成本的时间计算租金。例如：经营租赁设备的报废、毁损的风险由出租人承担；融资租赁设备的报废、毁损的风险由承租人承担。

观察与思考

根据资产的定义，你认为下列哪些是企业资产？

（1）经营租入厂房一栋，价值500万元。

（2）库存商品原入库价为10万元，现估价值7万元。

（3）融资租赁设备一台，价值20万元。

（4）下个月将会收到投资200万元。

（5）销售产品一批，收取货款2万元存入银行。

以上资产总额＝？

二、资产的分类

对资产可以进行多种分类，常见的是按流动性分类。企业的资产按其流动性的不同可以划分为流动资产和非流动资产。这里的流动性指的是资产的变现能力或耗用期限。

（一）流动资产

流动资产是指在 1 年内或超过 1 年的一个营业周期变现或耗用的资产。流动资产主要包括货币资金、交易性金融资产、应收及预付款项、存货等。

1. 货币资金

货币资金是指以货币形态存在的资产，包括库存现金、银行存款、其他货币资金。

库存现金从狭义上来说，是指存放于企业并满足日常开支的资金。

银行存款是指存放于银行或其他金融机构的货币资金。

其他货币资金是指除库存现金、银行存款以外的各种货币资金，主要包括外埠存款、银行本票存款、银行汇票存款、信用证存款等。

小提示

在我国，"现金"一词在过去很长时期通常仅指上述的库存现金，现在，也已经被越来越广泛地指称货币资金了。

2. 交易性金融资产

交易性金融资产是指为了近期内出售而持有的金融资产，包括股票投资、债券投资、基金投资等。

3. 应收及预付款项

应收及预付款项是指企业在日常生产经营过程中发生的各项债权，包括应收票据、应收账款、其他应收款和预付账款等。

应收票据是指企业因销售商品、提供劳务等经营活动收到的商业汇票。

[知识与能力拓展] 商业汇票是指由出票人签发的，经承兑人承兑，委托付款人在指定日期无条件支付确定的金额给收款人或持票人的票据。买卖双方采用商业汇票进行结算是一种货款结算方式。商业汇票必须经承兑人承兑才能生效。商业汇票的承兑是指在汇票上签名盖章，对汇票所记载的事项进行确认。根据承兑人的不同，分为银行承兑汇票和商业承兑汇票。简单地说，商业承兑汇票就是由企业签发、企业承兑的商业汇票；银行承兑汇票就是由企业签发、由企业的开户银行承兑的商业汇票。

应收账款是指企业因销售商品、提供劳务等经营活动应收而尚未收到的款项。

小提示

应收账款和应收票据都是因为销售商品和提供劳务后应向对方收取而尚未收到的款项，二者的不同点在于应收票据是收到了对方或对方的开户银行承兑的商业汇票，具有确定的收回款项的时间和比较高的可靠性，而且商业汇票可以背书转让或到银行贴现；而应收账款则没有商业汇票作为凭据。商业汇票的背书转让，就是收款人在汇票背面签名盖章后将汇票转让给他人，如用来抵付购货款等。商业汇票贴现，就是收款人因急需资金将未到期的汇票交付开户银行，以贴付利息的方式取得现金。

预付账款是指企业因采购材料物资、进行工程建设等活动按照合同规定预付的款项。

其他应收款是指企业除了明确的应收项目以外的其他各种应收及暂付款项，如员工出差预借差旅费、采取经营性租赁方式租入资产而暂付的押金等。

4. **存货**

存货是指企业在日常生产经营过程中持有以备出售、仍处在生产过程中将要消耗及在生产或提供劳务的过程中将要耗用的各种材料或物料，包括在途物资、原材料、周转材料、在产品、库存商品等。

在途物资是指企业已经购买但尚在运输途中的材料物资。

原材料是指企业存储在仓库、用于生产产品并能构成产品实体的各种材料。

周转材料是指企业存储在仓库和正在生产经营过程中使用的、可多次周转使用的低值易耗品及包装物等。

在产品是指企业生产过程中尚未生产完工的产品。

库存商品是指企业存储在仓库等待出售的产成品和为了出售而购入的商品。

（二）非流动资产

非流动资产是指流动资产以外的资产，主要包括长期股权投资、固定资产、在建工程、工程物资、无形资产、投资性房地产和其他资产等。

1. **长期股权投资**

长期股权投资是指通过投资取得被投资单位的股份。企业对其他单位的股权投资，通常是为长期持有，以及通过股权投资达到控制被投资单位、对被投资单位施加重大影响或为了与被投资单位建立密切关系，以分散经营风险。

2. **固定资产**

固定资产是指同时具有以下特征的有形资产：企业为生产商品、提供劳务、出租或经营管理而持有的，使用寿命超过一个会计年度的有形资产，包括房屋建筑物、机器设备、运输工具及其他与生产经营有关的工具、器具等。

小提示

在实际工作中，企业一般都有一些单位价值比较低而其他特征与固定资产基本相同的有形资产，如家具用具、办公用品、小型工具、模板、架料等。这类资产由于数量多、单位价值低，根据成本效益原则，将其作为周转材料管理和核算。因此，企业需要根据自身的实际情况确定一个单位价值标准，用来划分固定资产和周转材料的界限。例如：如果一个企业将单位价值 5 000 元作为划分固定资产与周转材料的标准，则单价在 5 000 元以上的工具、用具、设备就是固定资产，单价在 5 000 元以下的工具、用具、小型设备就是周转材料。

3. 无形资产

无形资产是指企业拥有或控制的没有实物形态的可辨认非货币性资产，主要包括专利权、非专利技术、商标权、著作权、土地使用权、特许权等。

4. 投资性房地产

投资性房地产是指为赚取租金或资本增值，或者两者兼有而持有的房地产。

5. 其他资产

如长期待摊费用，即不能全部计入当年损益，应当在以后年度内分期摊销的各项费用。又如企业开办费、固定资产大修理支出、租入固定资产的改良支出。

企业资产的基本内容如下：

- 资产
  - 流动资产
    - 货币资金
      - 库存现金
      - 银行存款
      - 其他货币资金
    - 交易性金融资产
    - 应收及预付款项
      - 应收票据
      - 应收账款
      - 其他应收款
      - 预付账款
    - 存货
      - 在途物资
      - 原材料
      - 周转材料
      - 在产品
      - 库存商品
  - 非流动资产
    - 长期股权投资
    - 固定资产
    - 无形资产
    - 投资性房地产
    - 其他资产

变现能力

变现能力即变现力，是指某项资产转换为现金或负债偿还所需的时间。长期及短期债权人，以此来评估债务人偿还到期债务的能力。投资者则利用变现能力来判断被投资企业未来支付现金股利的能力，以及未来扩大营业的可能性。变现能力越低，企业倒闭或不能达成特定目标的风险越高。反映变现能力的财务指标主要包括：流动比率和速动比率。

做一做

到一个企业中调查了解它有哪些资产，具体如何分类。

观察与思考

1. 根据你所掌握的资产相关知识判断下列资源是否属于企业的资产。

（1）企业于6月5日与某公司签订了一份设备买卖合同，价值50万元，计划下月购入。请问6月该设备是否是企业的资产？

（2）企业有A、B、C三台设备。A设备为本企业购入的，B设备是采用融资租赁方式从租赁公司租入的，C设备是从关系单位借入的。目前，三台设备都已投入使用。请问，这三台设备是否是企业的资产？

（3）企业库存两种产品。因自然灾害，甲产品被水浸泡，失去原有性能，不能出售；乙产品完好无损。请问这两种产品是否是企业的资产？

2. 根据你所掌握的资产相关知识，判断下列资产哪些属于流动资产，哪些属于非流动资产。

（1）英明公司从科贸公司购买了一项商标权，1 500万元已由银行存款支付。

（2）通达公司以赚取差价为目的，以每股5.50元从二级市场购入了一批某公司发行的股票100万股，作为交易性金融资产。

（3）佳美公司从某设备厂购入不需要安装的生产设备一台，取得的增值税专用发票注明买价250 000元，增值税42 500元，全部款项以银行存款支付。

（4）凤翔公司向某公司采购材料5 000千克，每千克单价10元，所需支付的款项总额为50 000元。按照合同规定向该公司预付货款的50%，验收货物后补付其余款项。

活动3　探究负债

想一想

1. 你有负债吗？你家里有负债吗？有哪些负债？

2. 根据你所收集的负债的相关内容，谈谈你对负债的认识。

一、负债的定义

负债是指企业过去的交易或事项形成的预期会导致经济利益流出企业的现时义务，是企业在现行条件下已承担的义务。负债具有以下三个基本特征：

（1）负债是企业承担的现时义务。

（2）负债预期会导致经济利益流出企业，需要在将来通过转移资产或提供劳务来清偿，这是负债的本质特征。

（3）负债是由过去的交易或事项所形成的。

[知识与能力拓展] 企业承担的现时义务既可以是法定义务，也可以是推定义务。法定义务是指具有约束力的合同或法律、法规规定的义务，如企业购买原材料形成的应付账款等。法定义务通常必须依法执行，履行法定义务所需流出的经济利益的金额通常可以根据合同或法律规定予以确定。推定义务是根据企业多年的习惯做法、公开的承诺或公开宣布的政策而导致企业将承担的义务，如对售出商品一定期限的售后保修服务等。企业履行推定义务所需流出的经济利益金额大多需要进行合理的估计。

二、负债的确认条件

将一项现时义务确认为负债，需要符合负债的定义，同时需要满足以下两个条件，否则不能将其确认为企业的负债。

（1）与该义务有关的经济利益很可能流出企业。

（2）未来流出的经济利益的金额能够可靠计量。

观察与思考

根据负债的定义，你认为下列哪些是企业负债？

（1）购入材料一批，货款 5 万元，暂未支付。

（2）向银行借款 50 万元。

（3）收到某企业投资 100 万元。

（4）下个月将向银行贷款 30 万元。

（5）前欠某单位货款 1 万元。该单位撤销，确实无法归还。

以上负债总额 = ？

三、负债的分类

企业的负债，按其流动性可以分为流动负债和非流动负债。

（一）流动负债

流动负债是指企业需在 1 年内或者超过 1 年的一个正常营业周期内偿还的负债。主要包括短期借款、应付账款、应付票据、预收账款、应付职工薪酬、应交税费、应付股利、其他应付款项和 1 年内到期的长期借款等。

小提示

在时间划分上，“1 年内”通常包括 1 年，下同。

短期借款是指企业向银行及其他金融机构等单位借入的偿还期在 1 年以内的各种借款。

应付账款是指企业因购买货物和接受劳务等经营活动应当支付而尚未支付的款项。

应付票据是指企业因购买货物和接受劳务等经营活动签发承兑的商业汇票。

预收账款是指企业因销售商品和提供劳务等经营活动预先收取的款项。

应付职工薪酬是指企业按规定应当支付给职工而尚未支付的工资及其他薪酬。

小提示

应付职工薪酬是《企业会计准则》（2006）使用的新概念，涵盖了《企业会计准则》（1992）和《小企业会计制度》中应付工资和应付福利费的内容，还包括了其他应付款中的应付社会保险费、住房公积金、工会经费及职工教育经费等内容。

应交税费是指企业按照税法及国家相关规定应当向国家交纳而尚未交纳的各种税金及相关费用。

应付股利是指按协议规定应当支付给投资者但尚未支付的利润分配款项。

其他应付款是指企业除了明确的应付应交项目以外的其他各种应付款项。

（二）非流动负债

非流动负债是指流动负债以外的负债，主要包括长期借款、应付债券、长期应付款等。

长期借款是指企业向银行及其他金融机构等单位借入的偿还期在 1 年以上（不含 1 年）的各种借款。

应付债券是指企业为筹集长期资金而发行的预定在未来确定的日期还本付息的债券。

长期应付款是指企业除长期借款和应付债券以外的各种长期应付款项，如应付融资租入固定资产的租赁费等。

企业负债的基本内容如下：

- 负债
  - 流动负债
    - 短期借款
    - 应付账款
    - 应付票据
    - 预收账款
    - 应付职工薪酬
    - 应交税费
    - 应付股利
    - 其他应付款项
    - 1年内到期的长期借款
  - 非流动负债
    - 长期借款
    - 应付债券
    - 长期应付款

做一做

调查了解一个企业有哪些负债，具体如何分类。

观察与思考

1. 债权与债务有何区别？会计中债权与债务分别包括哪些？

2. 根据你所掌握的负债相关知识判断下列款项是否属于企业的负债。

（1）天成公司 3 月 6 日与银行协商，拟借入一笔生产经营周转资金，借款手续尚未办理。请问天成公司 3 月是否确认一项负债？

（2）华达工厂于两年前欠甲公司一笔货款，日前获悉甲公司已倒闭，该笔债务无法清偿。请问这项欠款是否还继续作为华达工厂的负债？

3. 根据你所掌握的负债相关知识，判断下列负债属于企业的流动负债还是非流动负债。

（1）正雅公司按合同规定预收飞达公司货款 10 万元。该款项属于企业的流动负债还是非流动负债？

（2）嘉龙公司 2017 年 10 月 10 日取得的 3 年期的银行借款将于本年度（2020 年）10 月 10 日到期。该款项在 2020 年 1 月属于企业的流动负债还是非流动负债？

活动 4　探究所有者权益

想一想

上网收集所有者权益的相关内容，谈谈你对所有者权益的认识。

一、所有者权益的定义

所有者权益是指企业资产扣除负债后由所有者享有的剩余权益。股份公司的所有者权益称为股东权益，是所有者对企业净资产的所有权，它是企业最基本的资金来源。所有者权益具有以下三个基本特征：

（1）除非发生减资、清算或分派现金股利，企业不需清偿所有者权益。

（2）企业清算时，只有在清偿所有负债后，所有者权益才返还给所有者。

（3）所有者以其出资额参与企业的经营管理和利润分配，同时，也以其出资额承担企业的经营风险。

[知识与能力拓展] 所有者权益与负债共同构成企业外部对企业资产的权益，但二者对企业资产要求权的内涵是不相同的，主要表现在以下三个方面：①所有者权益无须偿还，而负债是要偿还的。所有者权益中，除未分配利润可以在以后向投资者进行分配外，其余部分在企业终止之前一般不归还给投资者。某个投资者若不愿继续保持投资，可按规定转让其持有的资本。②企业终止经营进行清算时，应先清偿负债后清算所有者权益。只有在清偿了全部负债之后，才能清退所有者权益。③所有者可分享企业净利润，债权人只享有约定的利息。

二、所有者权益的确认条件

所有者权益体现的是所有者在企业中的剩余权益，因此，所有者权益的确认主要依赖于其他会计要素，尤其是资产和负债的确认；所有者权益金额的确定也主要取决于资产和负债的计量。例如：企业接受投资者投入的资产，在该资产符合企业资产确认条件时，就相应地符合了所有者权益的确认条件；当该资产的价值能够可靠计量时，所有者权益的金额也就可以确定。

观察与思考

根据所有者权益的定义和下列资料，你计算一下该企业所有者权益是多少？

（1）银行存款 8 万元。

（2）应收货款 10 万元。

（3）机器设备 120 万元。

（4）库存商品 30 万元。

（5）银行借款 50 万元。

（6）应付货款 20 万元。

所有者权益 = ？

三、所有者权益的分类

所有者权益包括实收资本（或者股本）、资本公积、盈余公积和未分配利润。

（一）实收资本

实收资本是指企业实际收到所有者投入的构成企业注册资本的资本，是企业投资者按照企业章程或合同、协议的约定实际投入企业的资本。按投资主体不同，可划分为国家资本金、法人资本金、个人资本金和外商资本金等。实收资本是企业所有者权益的基础和主体内容，其物质形态表现为货币资产、实物资产和无形资产等。股份制企业的实收资本称为股本。

[知识与能力拓展] 注册资本也叫注册资本金或注册资金，是指企业在国家工商行政管理部门登记注册的资本总额。企业成立之前必须到国家工商行政管理部门核准登记注册资本。企业存续期间要变更注册资本，也必须到国家工商行政管理部门办理变更登记手续。

（二）资本公积

资本公积是指企业收到投资者超出其在企业注册资本（或股本）中所占份额的投资，以及直接计入所有者权益的利得和损失等，包括资本（股本）溢价和直接计入所有者权益的利得和损失等。资本公积可按照规定的程序转增资本金。

[知识与能力拓展] 资本溢价指企业的所有者实际投入资本的金额超过其在注册资本中所占份额的部分。股本溢价则专指公司制企业的资本溢价，股份公司发行股票时，股票的实际发行价格超过其面值就是典型的股本溢价。资本溢价就其实质而言也属于所有者投入的资本，但因其超过了注册资本，故作为资本公积。

（三）盈余公积

盈余公积是指企业按照国家规定从净利润中提取的企业积累资金，包括法定盈余公积金、任意盈余公积金等。盈余公积金主要用于企业弥补亏损或按规定转增资本等。

（四）未分配利润

未分配利润是指企业的税后利润按照规定进行分配以后的剩余部分。这部分没有分配的利润留存在企业，可以在以后年度进行分配。

盈余公积和未分配利润都是企业从逐年获得的净利润中形成的企业内部尚未使用或尚未分配的利润，统称为留存收益。

企业所有者权益的基本内容如下：

所有者权益
- **实收资本**
- **资本公积**
- **盈余公积**
- **未分配利润**

想一想

投入资本与注册资本有何关系?

活动 5　探究收入

想一想

1. 你家里都有哪些收入?
2. 根据你所收集的收入的相关内容，谈谈你对收入的认识。

一、收入的定义

收入是指企业日常活动中所形成的、会导致所有者权益增加的、与所有者投入资本无关的经济利益的总流入。企业运用所有者投入的资本开展生产经营活动，在日常的经营活动过程中，会经常获得经济利益的流入，如增加货币资产或应收款项等，当流入的经济利益会导致所有者权益增加而又与所有者投入资本无关时，这种经济利益的流入就是收入。例如：企业将所生产的一批产品以 100 000 元的价格销售给客户，企业收到了 100 000 元的销售款，企业取得这 100 000 元的销售款就是收入。

小提示

收入是企业增加货币资产和债权资产等特定资产的一个来源渠道，在引起企业资产增加这一点上，与取得负债和所有者投入资本的结果是相同的，因此，定义以这种结果为基础，用“会导致所有者权益增加”来排除了负债（同时还排除了购买材料物资等）增加资产的内容，用“与所有者投入资本无关”来排除了所有者投入资本增加资产的内容，同时还用“在日常活动中形成”来排除了增加资产的其他一些不属于收入的情况。一般而言，企业主要通过销售商品或提供劳务来取得收入。

收入具有以下三方面特征：

（1）收入是从企业的日常活动中产生的经济利益的流入，而不是从偶发的交易或事项中产生。收入不包括为第三方或者客户代收的款项。是否在日常活动中形成是区分收入和利得的重要标志，利得是指由企业非日常活动所形成的、会导致所有者权益增加的、与所有者投入资本无关的经济利益的流入。日常活动是指企业为完成其经营目标所从事的经常性活动及与之相关的活动。例如：制造业企业生产和销售产品、商品流通企业购买和销售商品、咨询公司提供咨询服务、商业银行吸收存款和对外贷款等，都属于各自的日常活动。明确界定日常活动是为了将收入与利得区分开来，以便会计信息使用者能够据以正确地评价企业的经营状况并做出相应的决策。

小提示

利得包括直接计入所有者权益的利得和直接计入当期利润的利得。直接计入所有者权益的利得在会计上作为其他资本公积处理。直接计入当期利润的利得将在利润要素中讲述。

（2）收入是与所有者投入资本无关的经济利益的总流入。并不是只要能导致企业所有者权益增加的经济利益的流入都是收入，如果会导致企业所有者权益增加的经济利益的流入是因为所有者投入资本引起的，就不是收入。所有者投入资本与收入是不同性质的两类交易或事项，所有者投入资本应当确认为所有者权益而不能确认为收入。

（3）收入会导致所有者权益的增加。收入会导致企业资产的增加或者负债的减少，例如：企业销售商品，会收到现金，或者有权利在未来收到现金，或者抵减相应的债务。不论是资产的增加还是负债的减少，都不是因为增加负债带来的，或者说没有增加新的负债，根据所有者权益的定义可知，收入应当会导致所有者权益增加。不会导致所有者权益增加的经济利益流入不符合收入的定义，不应该确认为收入。例如：企业向银行借入一笔款项，虽然导致了经济利益的流入，但同时使企业形成了一项现时义务，不会导致所有者权益的增加。所以，企业向银行的借款应当确认为一项负债而不能确认为收入。

二、收入的确认条件

不同类型的企业收入的来源是不相同的，不同来源的收入的特征也有所不同，如销售一般商品、销售商品房、提供劳务、让渡资产使用权等。因而，收入的确认是一个比较复杂的问题。一般而言，企业要将一项经济利益的流入确认为收入，不但需要符合收入的定义，而且还至少应当同时满足以下三个条件：

（1）与收入相关的经济利益很可能流入企业；

（2）经济利益流入企业的结果会导致企业资产的增加或负债的减少；

（3）经济利益的流入额能够可靠计量。

三、收入的分类

收入按其性质和内容分为商品销售收入、提供劳务收入、提供他人使用本企业资产的收入；收入按其重要程度分为主营业务收入和其他业务收入。

主营业务收入是指企业所从事的基本的、主营的经济业务所取得的收入。不同企业、企业的不同时期的主营业务收入都可能是不相同的，制造业的主营业务收入一般是产品销售收入。

其他业务收入是指除主营业务收入以外的其他销售或其他业务的收入，如制造业的材料销售、出租包装物和商品等实现的收入。

企业收入的基本内容如下：

收入
- 主营业务收入
- 其他业务收入

想一想

企业员工因操作失误导致企业损失，按规定对其个人进行罚款 1 000 元，企业取得的这 1 000 元是否属于企业的收入？

活动 6　探究费用

想一想

1. 你来学校上学会产生哪些费用？
2. 根据你所收集的费用的相关内容，谈谈你对费用的认识。

一、费用的定义

费用是指企业在日常活动中发生的、会导致所有者权益减少的、与向所有者分配利润无关的经济利益的总流出，也就是企业为了获得收入而发生的耗费，实质上可以说是资产的耗费。企业运用所有者投入的资本开展生产经营活动，在日常的经营活动过程中会经常发生经济利益的流出，如因销售而付出商品、支付经营管理人员薪酬、支付广告费用及借款利息等，当流出的经济利益会导致所有者权益减少而又与向所有者分配利润无关时，这种经济利益的流出就是费用。例如：企业将所生产的一批商品以 100 000 元的价格销售给客户，企业取得了 100 000 元的销售收入，我们现在假定企业生产这批商品花费了 60 000 元的成本，这 60 000 元在销售之前是作为库存商品存在的，现在，随着销售而将商品交付给购买单位就发生了经济利益的流出，转化为一项费用了，具体项目叫作主营业务成本。一般地，费用是企业为取得收入而付出的经济代价，通常是由资产的流出而转化形成的。

费用具有以下三方面特征：

（1）费用是企业在日常经营活动中形成的，而不是由偶发的交易或事项导致。与收入形成于企业日常活动相一致，费用是企业在日常活动中发生的，不是在日常活动中发生的经济利益流出不能确认为费用。明确界定日常活动是为了将费用与损失相区分，以便会计信息使用者能够据以正确地评价企业的经营状况并做出决策。损失是指在企业非日常活动中所发生的、会导致所有者权益减少的、与向所有者分配利润无关的经济利益的流出，如处理固定资产发生的损失、非正常灾害和事故发生的损失等。一般地，费用是企业开展经营管理活动所必需的正常的经济利益的流出，损失则大多是非正常应尽可能避免的经济利益的流出。企业非日常活动所发生的经济利益的流出不能确认为费用，而应当计入损失。

小提示

损失包括直接计入所有者权益的损失和直接计入当期利润的损失。直接计入所有者权益的损失在会计上作为其他资本公积（减项）处理；直接计入当期利润的损失将在利润要素中讲述。

（2）费用是与向所有者分配利润无关的经济利益的总流出。向所有者分配利润会导致企业的经济利益的流出，但它是对利润的分配，而利润是根据收入和费用计算的结果，所以，向所有者分配利润是对所有者权益的直接抵减项目，不属于费用的性质和范围，不应确认为费用，而应当排除在费用之外。

（3）费用会导致所有者权益的减少。费用会导致企业资产的减少或者负债的增加，例如，企业发生广告费、借款利息等，会支付现金或者在未来支付现金。不论是资产的减少还是负债的增加，都不是因为减少负债引起的，或者说没有减少已有的负债，根据所有者权益的定义可知，费用应当会导致所有者权益减少。不会导致所有者权益减少的经济利益流出不符合费用的定义，不应该确认为费用。如企业购入原材料、固定资产等，虽然要支付货币资金，发生经济利益的流出，但同时要取得相同金额的原材料或固定资产等形成经济利益流入，不会导致所有者权益的减少。因此，企业购入原材料、固定资产等所支付的款项，不能确认为费用，而应当确认为资产。

二、费用的确认条件

费用的确认除了应当符合费用的定义外，至少应当同时符合以下三个条件：

（1）与费用相关的经济利益很可能流出企业；

（2）经济利益流出企业的结果会导致企业资产的减少或负债的增加；

（3）经济利益的流出额能够可靠计量。

三、费用的分类

企业在生产经营过程中发生的各项费用，按照是否计入产品成本分为生产费用和期间费用。

（一）生产费用

生产费用是指一定时期内，企业为生产产品而发生、构成产品成本的各项费用。

生产费用根据计入产品的方式不同，分为直接费用和间接费用。

直接费用是指为生产某种产品发生的直接人工费、材料费等，可根据凭证直接计入该种产品成本。

间接费用是指生产车间发生不能直接计入产品成本的费用，如车间水电费、车间管理人员的人工费、生产设备的折旧费等。制造费用就是间接费用，应按一定的标准进行分配计入各种产品成本。

（二）期间费用

期间费用是指企业当期发生的不应计入成本而直接计入当期损益的相关费用，包括销售费用、管理费用和财务费用。销售费用是指企业销售过程中所发生的各种费用，如保险费、包装费、展览费、广告费、运输费、装卸费等。管理费用是指企业为组织和管理企业生产经营所发生的各种费用，如公司经费、工会经费、董事会费、聘请中介机构费、咨询费、业务招待费、相关税金、排污费等。财务费用是指企业为筹集生产经营所需资金等所发生的筹资费用，如支付的借款利息和支付给银行的结算手续费等。

小提示

期间费用不论收入是否形成，其发生在哪个会计期间就在哪个会计期间确认为费用。

企业费用的基本内容如下：

- 费用
  - 生产费用
    - 直接材料
    - 直接人工
    - 制造费用
  - 期间费用
    - 销售费用
    - 财务费用
    - 管理费用

活动 7　探究利润

想一想

上网收集利润的相关内容，谈谈你对利润的认识。

一、利润的定义

利润是指企业在一定会计期间的经营成果。利润对应着企业一部分新增加的资产，这部分新增加的资产是归所有者所有的。换句话说，利润虽然是一个独立于所有者权益的会计要素，但其实质是所有者权益。企业获得利润归根到底是企业资产和所有者权益的净增加。企业利润通过分配，一部分直接分配给所有者，一部分留存于企业作为企业持续经营和扩大再生产的资本。利润对于企业和企业的所有者都具有非常重要的意义。利润包括收入减费用后的净额、直接计入当期利润的利得和损失等。

利得包括（固定资产和无形资产等）非流动资产处置利得、非货币性资产交换利得、债务重组利得、盘盈利得、接受捐赠利得、政府补助等，应计入“营业外收入”。损失包括非流动资产处置损失、非货币性资产交换损失、债务重组损失、公益性捐赠支出、非常损失、罚款等，应计入“营业外支出”。

[知识与能力拓展] 企业的利得和损失包括直接计入所有者权益的利得和损失，以及直接计入当期利润的利得和损失，具体来说：

（1）利得是指由企业非日常活动所形成的、会导致所有者权益增加的、与所有者投入资本无关的经济利益的流入。损失是指由企业非日常活动所发生的、会导致所有者权益减少的、与向所有者分配利润无关的经济利益的流出。

（2）直接计入所有者权益的利得和损失，是指不应计入当期损益、会导致所有者权益发生增减变动的、与所有者投入资本或向所有者分配利润无关的利得或者损失。

（3）直接计入当期利润的利得和损失，是指应当计入当期损益、会导致所有者权益发生增减变动的、与所有者投入资本或向所有者分配利润无关的利得或者损失。

直接计入所有者权益的利得和损失与直接计入当期利润的利得和损失，最终均构成所有者权益的一部分。两者的区别仅在于前者直接计入所有者权益，后者直接计入当期损益。划分的依据为：利得和损失实现与否的认定，取决于是否能够将利得和损失作为利润的一部分进行分配或减少利润分配。如果已经实现，则应“直接计入当期利润”；相反，如果尚未实现，则应“直接计入所有者权益”。

二、利润的确认条件

利润反映的是收入减去费用、利得减去损失后的净额，利润的确认主要依赖于收入、费用、利得及损失的确认，其金额的确定也主要取决于收入、费用、利得及损失金额的确定。

三、利润的分类

利润包括收入减去费用后的净额、直接计入当期利润的利得和损失等。收入减去费用后的净额是企业利润的主要来源，是企业日常活动的经营成果。直接计入当期利润的利得和损失是企业非日常活动的成果。

我国将利润划分为三个层次：营业利润、利润总额和净利润，它们反映利润形成过程中的三个环节。

（一）营业利润

营业利润 = 营业收入 − 营业成本 − 税金及附加 − 销售费用 − 管理费用 − 财务费用 − 资产减值损失 + 公允价值变动收益（− 公允价值变动损失）+ 投资收益（− 投资损失）

上述公式中的营业收入是指企业主营业务收入与其他业务收入的总额，营业成本是指企业主营业务成本与其他业务成本的总额。

（二）利润总额

利润总额 = 营业利润 + 营业外收入 − 营业外支出。

（三）净利润

净利润 = 利润总额 − 所得税费用。

净利润又叫税后利润。

企业利润的基本内容如下：

利润
- 营业利润
- 利润总额
- 净利润

想一想

收入与利得、费用与损失有何异同？

活动 8　归纳总结

企业会计要素的基本内容

会计要素	资产	流动资产	货币资金	库存现金
				银行存款
				其他货币资金
			交易性金融资产	
			应收及预付款项	应收票据
				应收账款
				其他应收款
				预付账款
			存货	在途物资
				原材料
				周转材料
				在产品
				库存商品
		非流动资产	长期股权投资	
			固定资产	
			投资性房地产	
			其他资产	
	负债	流动负债	短期借款	
			应付账款	
			应付票据	
			预收账款	
			应付职工薪酬	
			应交税费	
			应付股利	
			其他应付款项	
			一年内到期的长期借款	

续表

会计要素	负债	非流动负债	长期借款	
			应付债券	
			长期应付款	
	所有者权益	实收资本（或股本）		
		资本公积		
		盈余公积	留存收益	
		未分配利润		
	收入	主营业务收入		
		其他业务收入		
	费用	生产费用（构成产品生产成本，产品销售后计入当期损益）	直接材料	
			直接人工	
			制造费用	
		期间费用（直接计入当期损益）	销售费用	
			财务费用	
			管理费用	
	利润	营业利润	营业收入－营业成本－税金及附加－销售费用－管理费用－财务费用－资产减值损失＋公允价值变动收益（－公允价值变动损失）＋投资收益（－投资损失）	
		利润总额	营业利润＋营业外收入－营业外支出	
		净利润	利润总额－所得税费用	

实践练习

【目的】练习会计要素的分类。

【资料】某企业经济业务事项如下：

项目	会计要素名称					
	资产	负债	所有者权益	收入	费用	利润
生产车间用机器设备						
尚未交纳的税金						

续表

项目	会计要素名称					
	资产	负债	所有者权益	收入	费用	利润
应收未收的货款						
收到的投资人投资						
仓库中存放的原材料						
销售产品取得的收入						
在银行的存款						
应付未付的职工工资						
支付给银行的贷款利息						
提取的盈余公积金						
支付的业务招待费						
收入抵减费用后的差额						
尚未分配的利润						

【要求】根据上述资料将各项目归类，确认为相应的会计要素，并在表中画“√”。

任务三　平衡关系的建立

【任务目标】

知识目标：了解会计等式的内容。

能力目标：能判断经济业务发生对会计等式产生的影响。

素养目标：对会计等式有初步的理解，培养学生系统、完整地思考问题的能力。

【学习准备】

资料准备：收集理解会计等式的所有信息。

学时安排：讲授 2 学时，小组讨论 2 学时，专业实践 2 学时。

【知识结构图】

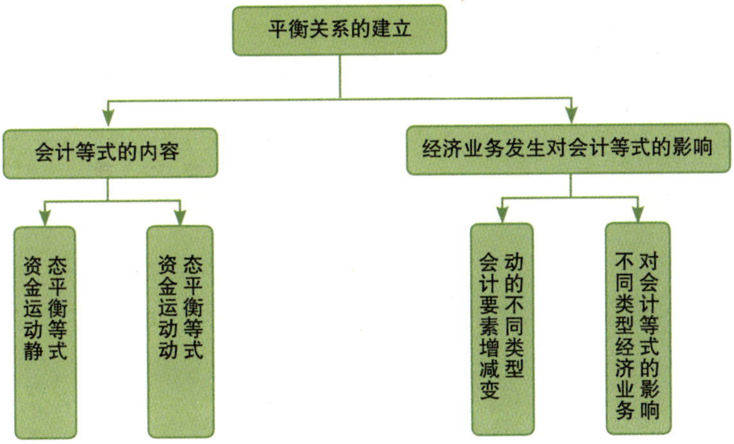

活动1　探究各会计要素之间的平衡关系

各会计要素之间不但具有密切而复杂的相互依存关系（如资产与负债、所有者权益、收入、费用、利润及其相互之间的对应依存关系），而且会计要素的金额之间还存在着平衡关系或相等关系，会计等式就是用来表达这种平衡关系或相等关系的。会计等式就是会计要素之间金额平衡关系的数学表达式，是会计要素之间的内在联系在数量上的反映。

想一想

毕业不久的大学生小A自主创业，用自有资金6万元和朋友入股投入的4万元共计10万元，注册成立了一家会计咨询服务公司。公司成立后因业务需要，又从银行贷款5万元。

小A公司的资产总额是多少？他开展经营活动所拥有的资产是从哪里来的？由此你能总结出资产、负债和所有者权益之间存在什么关系吗？

企业从事生产经营活动，必须拥有一定的物质基础，即现金、银行存款、厂房、机器设备、原材料等，这些以货币形式表示就成了会计上的资产。实质为资金的占用形态。

资产来源于国家、企业法人、团体和个人以投资方式投入，企业以借款方式从各种金融机构或单位借入。投资人称为业主，借款给企业的人称为债主。两者将资产提供给某个企业，目的是取得收益和其他利益。必然对该企业的资产享有一定的权利，统称权益。

资产和权益是资金的两个方面，即资金的分布形态和资金来源，所以是相等的、平衡的。例如：父母给你 500 元，你买了一辆自行车花费 250 元、一件衣服花费 150 元，还剩 100 元。

资金运动在静态情况下，资产、负债及所有者权益三个要素之间存在平衡关系。资产主要包括两部分：

（1）向外部借的债，即负债；

（2）投资人的投入及其增值部分，即所有者权益。

由此我们可以认为，债权人和投资者将其拥有的资本供给企业使用，对企业运用这些资本所获得的各项资产就相应享有一种权益。由此可见，资产与权益是相互依存，有一定数额的资产，必然有相应数额的权益，反之亦然。由此可以推出：

资产＝权益

资产＝负债＋所有者权益

该等式反映了资产的归属关系，是会计对象的公式化，其经济内容和数学上的等量关系，既是资金平衡的理论依据，也是设置账户、复式记账和编制资产负债表的理论依据。因此，会计上又称为基本会计等式。

资金运动在动态情况下，其循环周转过程中发生的收入、费用和利润也存在着平衡关系，其平衡公式如下：

收入－费用＝利润

上述两个平衡公式相互之间存在联系，在会计期间两个公式可以合并为扩展的会计等式：

资产＝负债＋所有者权益＋（收入－费用）

在会计工作中，特别是在会计核算工作中，会计恒等式具有非常重要的地位和作用：一方面，它是建立会计核算体系的基础，是复式记账和资产负债表的理论依据；另一方面，它又可以用来进行会计记录的试算平衡，检验会计核算结果的正确性。

想一想

“资产＝负债＋所有者权益”是成立的，为什么“资产＝负债＋所有者权益＋（收入－费用）”也是成立的？

活动 2　探究经济业务的发生对会计等式的影响

想一想

每一笔经济业务的发生，会不会对会计要素产生一定的影响？会产生怎样的影响呢？你能得出怎样的结论？

各企业单位在生产经营过程中，会发生各种各样的经济业务，每一项经济业务都有其特定的经济内容，都会引起会计要素的相关具体项目的金额发生增减变化。各会计要素的增减变动，不外乎以下四种类型：

（1）引起等式两边同增（资产与负债及所有者权益双方同时等额增加）；

（2）引起等式两边同减（资产与负债及所有者权益双方同时等额减少）；

（3）引起等式左边此增彼减（资产内部有增有减，增减的金额相等）；

（4）引起等式右边此增彼减（负债及所有者权益内部有增有减，增减的金额相等）。

以上四种类型还可进一步细分为九种情况，见下表。

企业经济业务的类型

1	一项资产增加，另一项资产减少	资产（+−）= 负债 + 所有者权益
2	一项负债增加，另一项负债减少	资产 = 负债（+−）+ 所有者权益
3	一项所有者权益增加，另一项所有者权益减少	资产 = 负债 + 所有者权益（+−）
4	一项资产增加，一项负债增加	资产（+）= 负债（+）+ 所有者权益
5	一项资产增加，一项所有者权益增加	资产（+）= 负债 + 所有者权益（+）
6	一项资产减少，一项负债减少	资产（−）= 负债（−）+ 所有者权益
7	一项资产减少，一项所有者权益减少	资产（−）= 负债 + 所有者权益（−）
8	一项负债减少，一项所有者权益增加	资产 = 负债（−）+ 所有者权益（+）
9	一项负债增加，一项所有者权益减少	资产 = 负债（+）+ 所有者权益（−）

现对上述变化情况举例说明如下。

（1）资产内部有增有减，增减的金额相等。

【例 2-1】从银行提取现金 40 000 元，准备发放职工工资。

这笔经济业务的发生，使资产项目“银行存款”减少 40 000 元，“库存现金”增加 40 000 元。这是资产类内部有关项目之间的变动，一项增加，另一项减少，其资产类总额仍然不变，等式两边总额仍然相等。

（2）负债内部有增有减，增减的金额相等。

【例 2-2】向银行借入短期借款 30 000 元，偿付应付 A 单位的应付票据 30 000 元。

这笔经济业务，使负债方的“短期借款”增加 30 000 元，同时减少“应付票据”30 000 元。结果负债总额不变，等式两边总额仍然相等。

（3）所有者权益内部有增有减，增减的金额相等。

【例 2-3】用盈余公积 50 000 元转作资本。

这笔经济业务的发生，使所有者权益项目“实收资本”增加 50 000 元，“盈余公积”减少 50 000 元。结果所有者权益类总额仍然不变，等式两边总额仍然相等。

（4）一项资产增加，另一项负债同时等额增加。

【例 2-4】向金融机构借入长期借款 200 000 元，存入银行。

这笔经济业务的发生，使资产项目“银行存款”增加 200 000 元，负债项目“长期借款”也增加 200 000 元。这是资产类项目和负债类项目同时等额增加，等式两边总额仍然相等。

（5）一项资产增加，另一项所有者权益同时等额增加。

【例 2-5】投资者以固定资产作为资本投入，经投资双方商议，确认价值为 300 000 元。

这笔经济业务的发生，使资产项目“固定资产”增加 300 000 元，所有者权益项目“实收资本”也增加 300 000 元。这是资产类项目和所有者权益类项目同时等额增加，等式两边总额仍然相等。

（6）一项资产减少，另一项负债同时等额减少。

【例 2-6】以银行存款 50 000 元归还前欠 A 单位货款。

这笔经济业务的发生，使资产项目“银行存款”减少 50 000 元，负债项目“应付账款”也减少 50 000 元。这是资产类项目和负债类项目同时等额减少，等式两边总额仍然相等。

（7）一项资产减少，另一项所有者权益同时等额减少。

【例 2-7】经有关部门批准，以银行存款退还投资人 A 股资金 100 000 元。

这笔经济业务的发生，使资产项目“银行存款”减少 100 000 元，所有者权益项目“实收资本”也减少 100 000 元。这是资产类项目与所有者权益类项目同时等额减少，等式两边总额仍然相等。

（8）一项负债减少，另一项所有者权益同时等额增加。

【例 2-8】向银行借入为期 3 年的长期借款 300 000 元，因到期无力偿还，经双方协商，将此笔借款转作银行在本企业的投资。

这笔经济业务的发生，使所有者权益项目“实收资本”增加 300 000 元，负债项目

“长期借款”减少 300 000 元。这是所有者权益类项目和负债类项目之间的变动，一项增加，另一项同时等额减少。其负债及所有者权益类总额不变，等式两边总额仍然相等。

（9）一项负债增加，另一项所有者权益同时等额减少。

【例 2-9】董事会决定向投资者分配利润 200 000 元。

这笔经济业务的发生，使负债项目“应付利润”增加 200 000 元，所有者权益项目“利润分配”减少 200 000 元。这是所有者权益类项目和负债类项目之间的变动，一项减少，另一项同时等额增加。其负债及所有者权益类总额不变，等式两边总额仍然相等。

实践练习

实训一

【目的】练习经济业务的分类。

【资料】某企业发生下列经济业务：

（1）从银行提取现金 5 000 元备用。

（2）以银行存款偿还长期借款 50 000 元。

（3）收到投资者作为资本投入的汽车一辆，双方确认的价值为 150 000 元（暂不考虑相关税费）。

（4）收到艾美公司付来的上月所欠货款 120 000 元，存入银行。

（5）经批准以资本公积 250 000 元转增资本。

（6）以银行存款购买办公用品 5 000 元。

（7）取得银行短期借款 150 000 元。

（8）向投资者分配利润 500 000 元。

（9）收回某职工交来的现金 2 000 元，系上月的临时借款。

（10）销售产品 120 000 元，货款已存入银行（暂不考虑相关税费）。

【要求】你能不能分析判断每笔经济业务属于哪一种变化类型？

实训二

【目的】练习经济业务的发生对会计等式的影响。

【资料】某企业资产项目月初余额为 600 000 元，负债项目月初余额为 110 000 元，所有者权益项目月初余额为 490 000 元，本月发生下列经济业务：

（1）以银行存款归还上月所欠的瑞美达公司材料款 80 000 元。

（2）购入材料一批已验收入库，价款 30 000 元，款项以银行存款支付（暂不考虑相关税费）。

（3）向银行借入偿还期为 3 年的借款 500 000 元，存入银行。

（4）从银行取得期限为 3 个月的借款 80 000 元，直接归还前欠马达工厂货款。

（5）以现金 10 000 元支付采购员出差预借的差旅费。

（6）购入材料一批已入库，金额 50 000 元，货款暂欠（暂不考虑相关税费）。

（7）以银行存款 20 000 元交纳应交税费。

（8）经批准以盈余公积 100 000 元转增资本。

（9）销售产品 500 000 元，货款暂欠（暂不考虑相关税费）。

（10）以银行存款支付产品广告宣传费 120 000 元。

【要求】1. 逐项说明每一笔经济业务对各会计要素有无影响，如有影响，说出影响的方向和金额，然后判定属于哪一种变化类型。

2. 进一步计算出该企业资产、负债和所有者权益三个项目的月末余额，看看会计平衡关系是否发生变化。

项目综合练习

参考答案

一、判断题（正确的在括号里打“√”，错误的打“×”）

（　　）1. 若某项资产预期不能为企业带来经济利益，即使是由企业拥有或控制的，也不能作为企业的资产在资产负债表中列示。

（　　）2. 流动资产指的是企业中经常发生位置移动的那部分资产。

（　　）3. 流动负债是指能够在 1 年以内偿还的各种负债。

（　　）4. 当发生某些特殊的经济业务时可能会导致会计等式不成立。

（　　）5. 企业资产与负债之间不会发生有增有减的经济业务。

（　　）6. 企业取得收入主要是增加资产，有时也可能是减少负债，还有可能是一部分增加资产和一部分减少负债。

（　　）7. 企业取得利润表明企业净增加了相应的资产和所有者权益。

（　　）8. 商标权和专利权都是企业的无形资产。

（　　）9. 企业从银行借入短期借款起资产和负债同时发生变化，会计基本等式也因此不再平衡。

(　　) 10. 企业编制各种财务报表的理论依据是会计基本等式所体现的平衡原理。

(　　) 11. 企业获取资产的来源渠道有两条：一是由企业所有者提供；二是由债权人提供。

(　　) 12. 预收账款和预付账款均属于负债。

(　　) 13. 从数量上看，所有者权益等于企业全部资产减去全部负债后的余额。

(　　) 14. 无形资产是一种不具有实物形态的经济资源。

(　　) 15. 一项经济业务的发生引起负债增加和所有者权益减少，会计基本等式的平衡关系没有因此被破坏。

(　　) 16. 主营业务收入和营业外收入均属于收入。

(　　) 17. 应付账款和应付票据均属于流动负债。

(　　) 18. 从银行提取现金 1 000 元后，企业的资产总额不会发生变化。

(　　) 19. 企业接受外商投入和捐赠的实物和货币，均属于企业的实收资本（或股本）。

(　　) 20. 应收账款、预收账款、其他应收款均为资产。

(　　) 21. 资产 = 权益，这一会计等式在任何时点上都是平衡的。

(　　) 22. 所有经济业务的发生，都会引起会计恒等式两边发生变化，但不破坏会计恒等式。

(　　) 23. 资产按流动性分为流动资产和固定资产。

(　　) 24. 所有者权益是投资人对企业全部资产的所有权。

二、选择题（下列答案中有一项或多项是正确的，将正确答案序号填入括号内）

1. 下列经济业务会使会计等式两边的总金额发生变化的是（　　）。

   A. 归还银行短期借款 100 万元

   B. 以银行存款支付广告费 80 万元

   C. 销售商品 50 万元但货款尚未收到

   D. 购进原材料 20 万元但款项尚未支付

2. 反映企业财务状况的会计要素有（　　）。

   A. 资产　　B. 收入　　C. 负债　　D. 所有者权益

3. 反映企业经营成果的会计要素有（　　）。

   A. 所有者权益　　B. 收入　　C. 费用　　D. 利润

4. 指出下列项目中不属于资产的项目（　　）。

A. 预付账款　　B. 应收账款　　C. 预收账款　　D. 资本公积

5. 指出下列项目中不属于负债的项目（　　）。

A. 预付账款　　B. 应付票据　　C. 长期借款　　D. 应交税费

6. 指出下列项目中不属于所有者权益的项目（　　）。

A. 实收资本　　B. 应付利润　　C. 资本公积　　D. 盈余公积

7. 指出下列项目中不属于收入的项目（　　）。

A. 主营业务收入　B. 营业外收入　　C. 其他业务收入　D. 应收销货款

8. 指出下列项目中属于费用的项目（　　）。

A. 主营业务成本　　B. 管理费用

C. 营业税金及附加　　D. 营业外支出

9. 指出下列项目中不属于期间费用的项目（　　）。

A. 销售费用　　B. 管理费用　　C. 财务费用　　D. 生产费用

10. 下列项目中，引起资产和负债同时增加的经济业务有（　　）。

A. 以银行存款购买材料　　B. 向银行借款存入银行存款户

C. 以无形资产向外单位投资　　D. 以银行存款偿还应付账款

11. 下列关于资产的特征说法正确的有（　　）。

A. 必须为企业现在所拥有或控制

B. 必须能用货币计量其价值

C. 必须具有能为企业带来经济利益服务的潜力

D. 必须是有形的财产物资

12. 下列项目中，引起负债有增有减的经济业务有（　　）。

A. 以银行存款偿还银行借款　　B. 开出应付票据抵付应付账款

C. 以银行存款上交税金　　D. 收到外商捐赠的设备

13. 下列项目中，引起所有者权益有增有减的经济业务有（　　）。

A. 收到国家投入的固定资产　　B. 以银行存款偿还长期借款

C. 将资本公积金转增资本金　　D. 以厂房对外单位投资

14. 以银行存款交纳税金，所引起的变动为（　　）。

A. 一项资产减少，一项所有者权益减少

B. 一项资产减少，一项负债减少

C. 一项所有者权益增加，一项负债减少

D. 一项资产增加，另一项资产减少

15. 某企业期初资产总额 600 万元，发生以下经济业务：收到外单位投资 40 万元存入银行；以银行存款支付购入材料款 12 万元；以银行存款偿还银行借款 10 万元。则企业期末资产总额为（　　）。

A. 636 万元　　B. 628 万元　　C. 648 万元　　D. 630 万元

16. 收到某单位预付货款存入银行，引起的变动是（　　）。

A. 一项资产增加，一项负债增加

B. 一项资产减少，一项负债减少

C. 一项资产增加，一项所有者权益增加

D. 一项资产减少，一项所有者权益减少

17. 下列各项经济业务中，引起资产和负债同时减少的经济业务是（　　）。

A. 从银行提取现金 10 万元

B. 购入原材料 10 吨，价款计 1 万元暂欠

C. 收到投资者交来的出资款 10 万元存入银行

D. 以银行存款偿付前欠甲工厂材料款 2 万元

18. 下列项目中，属于流动负债的是（　　）。

A. 应收账款　　B. 长期借款　　C. 应交税金　　D. 预付账款

19. 下列经济业务中，引起所有者权益的有关项目一增一减的是（　　）。

A. 收到投资者——新华工厂交来的出资款 10 万元存入银行

B. 以银行存款偿付前欠星光工厂材料款 5 万元

C. 经批准，将资本公积 50 万元转为实收资本

D. 从银行提取现金 2 万元

20. 某日，甲公司的资产总额为 400 万元，流动负债总额为 50 万元，所有者权益总额为 250 万元，则当日该公司的长期负债总额为（　　）。

A. 100 万元　　B. 150 万元　　C. 300 万元　　D. 350 万元

21. 下列项目中，属于流动资产的有（　　）。

A. 银行存款　　B. 预收账款　　C. 应收账款　　D. 存货

22. 一项经济业务发生后，引起银行存款减少 5 000 元，则相应地有可能引起（　　）。

A. 固定资产增加 5 000 元　　B. 短期借款增加 5 000 元

C. 库存现金减少 5 000 元　　D. 应付账款减少 5 000 元

23. 某企业用盈余公积转增了实收资本，则此业务对会计要素的影响是（　　）。

A. 资产增加　　B. 负债减少

C. 所有者权益增加　　D. 所有者权益不变

24. 甲公司向银行借款 200 000 元存入银行，会导致（　　）。

A. 负债增加，所有者权益减少　　B. 资产增加，所有者权益增加

C. 资产增加，负债增加　　D. 资产增加，负债减少

三、实务题

瑞达公司 12 月资产项目月初余额为 3 000 000 元，负债项目月初余额为 600 000 元，所有者权益项目月初余额为 2 400 000 元，当月发生下列经济业务：

（1）以银行存款偿还 6 个月的银行借款 100 000 元。

（2）购入材料一批已验收入库，价款 125 000 元，款项尚未支付（暂不考虑相关税费）。

（3）向银行借入偿还期为 1 年的借款 200 000 元，存入银行。

（4）以银行存款支付当月职工工资 280 000 元。

（5）收到某企业投入的商标权一项，双方确认的价值为 60 000 元。

（6）从银行取得期限为 3 个月的借款 80 000 元，直接归还前欠亚新公司货款。

（7）收到大华工厂交来的上年所欠货款 85 000 元，存入银行。

（8）以银行存款 66 000 元交纳应交所得税。

（9）经批准以盈余公积 280 000 元转增资本。

（10）销售产品 330 000 元，货款存入银行（暂不考虑相关税费）。

（11）销售多余材料一批，价款 160 000 元，货款暂欠（暂不考虑相关税费）。

（12）以银行存款支付产品广告宣传费 150 000 元。

（13）以银行存款归还上月所欠瑞美达公司材料款 170 000 元。

（14）以银行存款 26 000 元支付当月电话费。

（15）经批准以资本公积 250 000 元转增资本。

（16）向投资者分配利润 500 000 元。

（17）某企业以银行存款 250 000 元购买轿车 1 辆，轿车已经投入使用。

要求：判定上述经济业务属于哪一种变化类型，并进一步计算出该企业资产、负债和所有者权益三个项目的月末余额，看看会计平衡关系是否发生变化。

项目三　设置会计账户和复式记账法

设置账户和复式记账是会计基础的核心内容。首先根据会计要素进行详细的分类，设置具体的会计科目，然后按照会计科目设置账户，最后根据复式记账的要求进行财务处理。要着重掌握账户的分类和借贷记账法这两个关键内容。

任务一　设置会计科目

【任务目标】

知识目标：熟悉常用的会计科目。

能力目标：能够正确描述常用的会计科目。

素养目标：通过对会计科目初步的认识，培养学生的会计兴趣。

【学习准备】

资料准备：收集与会计科目相关的各种信息。

学时安排：讲授 4 学时，小组讨论 1 学时。

【知识结构图】

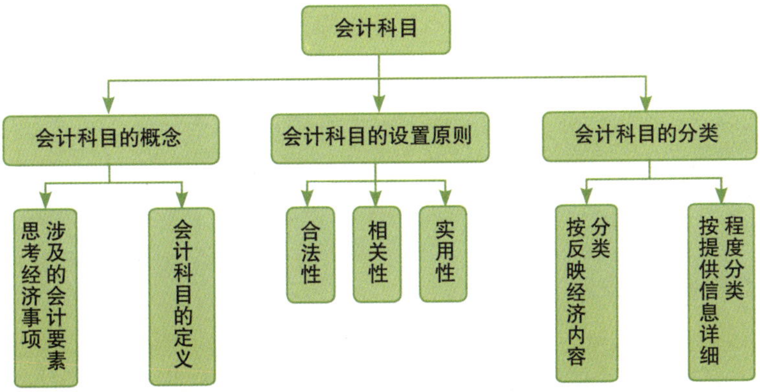

活动1 认知会计科目

想一想

1. 企业在经营过程中发生的各种经济业务事项中涉及哪几个会计要素？
2. 企业在会计核算中，如何反映同一种会计要素内容上的差别？如何对会计要素进一步的分类？

一、会计科目的含义

会计科目是对会计对象的具体内容即会计要素进一步分类的结果，是对会计要素的内容按照经济管理的要求进行具体分类核算和监督的项目，是设置账户、登记账簿、编制财务报表的依据。

二、会计科目设置的基本原则

各单位由于经济业务活动的具体内容、规模大小与业务繁简程度等情况不尽相同，在具体设置会计科目时，应考虑其自身特点和具体情况，但设置会计科目时都应遵循以下原则。

（一）合法性原则

合法性原则是指所设置的会计科目应当符合国家的统一会计制度的规定，保证会计信息的规范、统一和相互可比，以便编制会计凭证，登记账簿，查阅账目，实行会计电算化。在我国，总分类科目原则上由财政部统一制定，主要是保证会计信息可比性。对于国家统一会计制度规定的会计科目，企业可以根据自身的生产经营特点，在不影响会计核算要求及对外提供统一的财务会计报表的前提下，自行增设、减少或合并某些会计科目。

（二）相关性原则

相关性原则是指所设置的会计科目应为提供有关各方所需要的会计信息服务，满足对外报告与对内管理的需求。主要是提高会计核算所提供的会计信息相关性，满足相关各方的信息要求。

（三）实用性原则

实用性原则是指所设置的会计科目应符合单位自身特点，满足单位实际需要。企业的组织形式、所处行业、经济内容等不同，在会计科目的设置方面也会有所不同。例如：对于制造业，由于主要的经营活动是制造产品，因而需要设置反映生产耗费的科目，如“生产成本”；还需要设置反映生产成果的科目，如“库存商品”等。而商品流通企业主要的经营活动是购进和销售商品，不进行产品生产，因而一般不需要设置“生产成本”科目，但需要设置反映商品采购、商品销售，以及在购、销、存等环节发生的各项费用的会计科目。

活动 2　将会计科目进行分类

想一想

根据项目二会计要素的学习，你认为会计科目应该怎样分类?

会计科目可按其反映的经济内容（即所属会计要素）、所提供信息的详细程度及其统驭关系分类。

一、按反映的经济内容分类

会计科目按其反映的经济内容不同，可分为资产类科目、负债类科目、所有者权益类科目、成本类科目和损益类科目。

（一）资产类科目

这是对资产要素的具体内容进行分类核算的项目，按资产的流动性分为反映流动资产的科目和反映非流动资产的科目。反映流动资产的科目有“库存现金”“银行存款”“原材料”“应收账款”“库存商品”等；反映非流动资产的科目有“长期应收款”“固定资产”“无形资产”等。

（二）负债类科目

这是对负债要素的具体内容进行分类核算的项目，按负债的偿还期限分为反映流动负债的科目和反映非流动负债的科目。反映流动负债的科目有“短期借款”“应付账款”“应付职工薪酬”“应交税费”等；反映非流动负债的科目有“长期借款”“长期应付款”等。

（三）所有者权益类科目

这是对所有者权益要素的具体内容进行分类核算的项目，按所有者权益的形成和性质可分为反映资本的科目和反映留存收益的科目。反映资本的科目有“实收资本”（或“股本”)、“资本公积”等；反映留存收益的科目有“盈余公积”“本年利润”“利润分配”等。所有者权益类的“本年利润”科目归属于利润会计要素，由于企业实现利润会增加所有者权益，因而将其作为所有者权益科目。

（四）成本类科目

这是对可归属于产品生产成本、劳务成本等的具体内容进行分类核算的项目，按成本的内容和性质的不同可分为反映制造成本的科目、反映劳务成本的科目等。反映制造成本的科目有“生产成本”“制造费用”；反映劳务成本的科目有“劳务成本”等。成本类科目归属于资产要素，成本是企业生产产品、提供劳务所消耗的价值体现，为了单独计算产品成本和劳务成本设置了成本类科目。

（五）损益类科目

这是对收入、费用损失等的具体内容进行分类核算的项目，按损益的不同内容可以分为反映收益的科目和反映费用损失的科目。反映收入的科目有“主营业务收入”“其他业务收入”“营业外收入”等；反映费用损失的科目有“主营业务成本”“其他业务成本”“管理费用”“销售费用”“财务费用”“营业外支出”等。

常用会计科目表

编号	会计科目名称	编号	会计科目名称	编号	会计科目名称
	一、资产类	1701	无形资产	4104	利润分配
1001	库存现金	1702	累计摊销		四、成本类
1002	银行存款	1901	待处理财产损溢	5001	生产成本
1012	其他货币资金		二、负债类	5101	制造费用
1121	应收票据	2001	短期借款		五、损益类
1122	应收账款	2201	应付票据	6001	主营业务收入
1123	预付账款	2202	应付账款	6051	其他业务收入
1131	应收股利	2205	预收账款	6111	投资收益
1132	应收利息	2211	应付职工薪酬	6301	营业外收入
1221	其他应收款	2221	应交税费	6401	主营业务成本
1231	坏账准备	2231	应付利息	6402	其他业务成本
1401	材料采购	2232	应付股利	6403	税金及附加
1402	在途物资	2241	其他应付款	6601	销售费用
1403	原材料	2501	长期借款	6602	管理费用
1404	材料成本差异		三、所有者权益类	6603	财务费用
1405	库存商品	4001	实收资本	6701	资产减值损失
1601	固定资产	4002	资本公积	6711	营业外支出
1602	累计折旧	4101	盈余公积	6801	所得税费用
1606	固定资产清理	4103	本年利润		

二、按提供信息的详细程度分类

会计科目按其提供信息的详细程度关系，可以分为总分类科目和明细分类科目。

（一）总分类科目

该科目又称总账科目或一级科目，是对会计要素的具体内容进行总括分类，提供总括信息的会计科目；总分类科目反映各种经济业务的概括情况，是进行总分类核算的依据，如“应收账款”“应付账款”“原材料”等。

（二）明细分类科目

该科目又称明细科目，是对总分类科目作进一步分类，提供更为详细和具体会计信息的科目。如果某一总分类科目所属的明细分类科目较多，可在总分类科目下设置二级明细科目，在二级明细科目下设置三级明细科目。

如在“原材料”科目下，按材料类别开设“原料及主要材料”“辅助材料”“燃料”等二级科目。在“原料及主要材料”下，再根据材料规格、型号等开设三级明细科目。明细科目的设置，除了要符合财政部统一规定外，一般根据经营管理需要，由企业自行设置。

实际工作中，并不是所有的总账科目都需要开设二级和三级明细科目，根据会计信息使用者所需不同信息的详细程度，有些只需设一级总账科目，有些只需要设一级总账科目和二级明细科目，不需要设置三级科目等。

“原材料”总账和明细分类账会计科目

总账科目（一级科目）	明细科目	
	二级科目（子目）	三级科目（细目）
原材料	原料及主要材料	圆钢、角钢
	辅助材料	润滑剂、石炭酸
	燃　料	汽油、原煤

实践练习

【目的】练习会计科目的分类。

【资料】某企业发生以下经济业务事项：

（1）从银行存款提取出库存现金。

（2）将现金存入银行。

（3）向银行借入3年期的借款。

（4）将投资者投入的资本存入银行。

（5）用银行存款支付前欠A单位货款。

（6）收到所有者投入的大型机器设备1台。

（7）购入一批原材料，已经验收入库，货款尚未支付。

（8）购买办公用品，用银行存款支付。

（9）用现金发放职工工资。

（10）购入一批商品，尚未验收入库，货款以银行存款支付。

（11）将收到的应收货款存入银行。

（12）以现金支付本月生产车间的水电费。

（13）销售甲产品一批，收取款项存入银行。

（14）购买1台车床，款项暂未支付，设备交付使用。

（15）行政管理人员李某预借差旅费，以现金支付。

（16）结转本月已销售A产品成本。

（17）上述李某出差回来报销差旅费。

（18）用银行存款购入汽车1辆。

（19）用银行存款支付银行手续费。

____

（20）用银行存款支付广告费。

____

【要求】将每项业务所涉及的会计科目填列在横线上。

任务二　设置会计账户

【任务目标】

知识目标：熟悉会计账户的基本结构和分类。

能力目标：能够正确描绘出常用的会计账户。

素养目标：通过对会计账户初步的认识，培养学生逻辑思维能力。

【学习准备】

资料准备：收集与会计账户相关的各种信息。

学时安排：讲授 2 学时，小组讨论 1 学时。

【知识结构图】

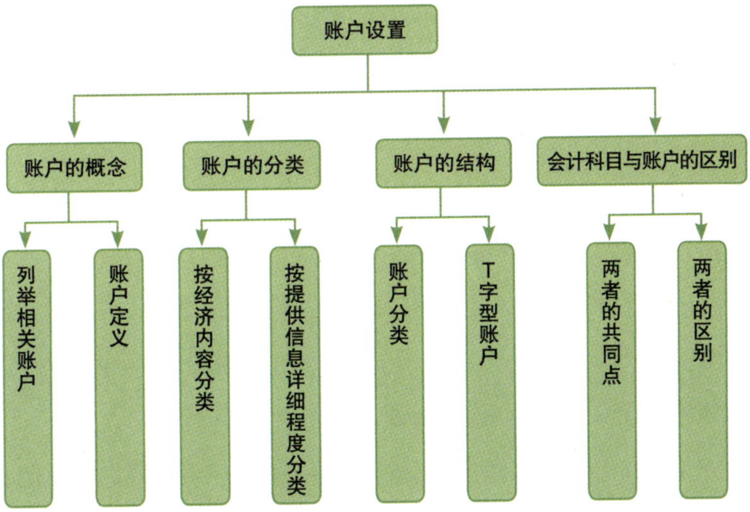

想一想

会计科目只是对会计要素进行具体分类的项目，提供会计核算所需要运用的内容，它是如何反映某一类经济项目变化情况及变化结果的呢？

一、会计账户的含义

会计科目的设置只是确定对会计要素具体内容进行分类核算的项目，为了能够对各项经济业务发生所引起会计要素的增减变动情况及结果进行全面、系统、连续地反映和监督，必须设置一种方法或手段，能够核算具体数字资料，于是根据会计科目开设会计账户。

会计账户是指具有一定格式，用来分类、连续地记录经济业务，反映会计要素增减变动及其结果的一种核算工具。在设置会计科目以后，还要根据规定的会计科目开设一系列反映不同经济内容的账户。每个账户都有一个科学而简明的名称，会计账户的名称就是会计科目。会计账户是根据会计科目设置的。设置会计账户是会计核算的一种专门方法，运用会计账户，把各项经济业务的发生情况及由此引起的资产、负债、所有者权益、收入、费用和利润各要素的变化，系统且分门别类地进行核算，以便提供所需要的各项指标。

二、会计账户的分类

会计账户可根据其核算的经济内容、提供信息的详细程度及其统驭关系进行分类。

（一）根据核算的经济内容

会计账户分为资产类账户、负债类账户、共同类账户、所有者权益类账户、成本类账户和损益类账户六类。其中，有些资产类账户、负债类账户和所有者权益类账户存在备抵账户。备抵账户，又称抵减账户，是指用来抵减被调整账户余额，以确定被调整账户实有数额而设置的独立账户。

（二）根据提供信息的详细程度及其统驭关系

会计账户分为总分类账户和明细分类账户。总分类账户和所属明细分类账户核算的内容相同，只是反映内容的详细程度有所不同，两者相互补充、相互制约、相互核对。总分类账户统驭和控制所属明细分类账户，明细分类账户从属于总分类账户。

三、会计账户的基本结构

会计账户是用来记录经济业务的，必须具有一定的结构和内容。作为会计核算的会计对象，是随着经济业务的发生在数量上进行增减变化，并相应产生变化结果。因此，用来分类记录经济业务的账户必须确定账户的基本结构：增加的数额记在哪里；减少的数额记在哪里；增减变动后的结果记在哪里。

会计账户的基本结构包括账户名称（会计科目）、记录经济业务的日期、所依据记账凭证编号、经济业务摘要、增减金额等。会计账户分为左右两个方向：一方登记增加数；一方登记减少数。根据国际惯例，用大写字母T来表示，如下图所示。

左方　　账户名称（会计科目）　右方

会计账户的记录是连续的，在经济业务发生后，一定会计期间内，登记本期增加的金额称为本期增加发生额，登记本期减少的金额称为本期减少发生额，增减相抵后的差额称为余额。本期的期末余额转至下期，即下一个会计期间的期初余额。账户的余额一般与记录的增加额在同一方向，各金额之间存在着如下的关系：

本期期末余额 = 本期期初余额 + 本期增加发生额 − 本期减少发生额

四、会计科目与会计账户的联系和区别

会计账户是对会计要素的内容所做的科学再分类。会计科目与会计账户是两个既相区别又有联系的不同概念。

共同点是：会计科目是设置会计账户的依据，是会计账户的名称，会计账户是会计科目的具体运用，会计科目所反映的经济内容，就是会计账户所要登记的内容。

区别在于：会计科目只是对会计要素具体内容的分类，本身没有结构；会计账户则有相应的结构，是一种核算方法，能具体反映资金运用状况。因此，会计账户比会计科目分户更为明细，内容更为丰富。

实践练习

【目的】熟悉各类型会计账户余额和发生额之间的关系。

【资料】某企业会计账户部分数据如下表所示：

金额单位：元

账户名称	期初余额	本期增加发生额	本期减少发生额	本期期末余额
库存现金	200 000	100 000	58 500	?
银行存款	430 000	1 980 000	?	200 000
固定资产	2 400 000	?	496 000	1 920 000
应收账款	14 000	2 000	12 000	?
其他应收款	?	1 000	0	3 000
库存商品	273 000	40 000	?	143 000
短期借款	26 000	?	16 000	30 000
应付账款	?	200 000	23 000	55 000
实收资本	200 000	1 340 000	0	?
盈余公积	258 000	0	0	?

【要求】根据上列会计账户中的有关数据并结合各账户的类型计算每个账户的未知数据。

任务三　用借贷记账法进行账务处理

【任务目标】

知识目标： 熟悉借贷记账法的记账规则。

能力目标： 能够正确运用借贷记账法编制简单会计分录。

素养目标： 通过借贷记账法的学习，锻炼学生攻坚克难的信心。

【学习准备】

资料准备： 收集与借贷记账法相关的各种信息。

学时安排： 讲授 8 学时，专业实践 4 学时。

【知识结构图】

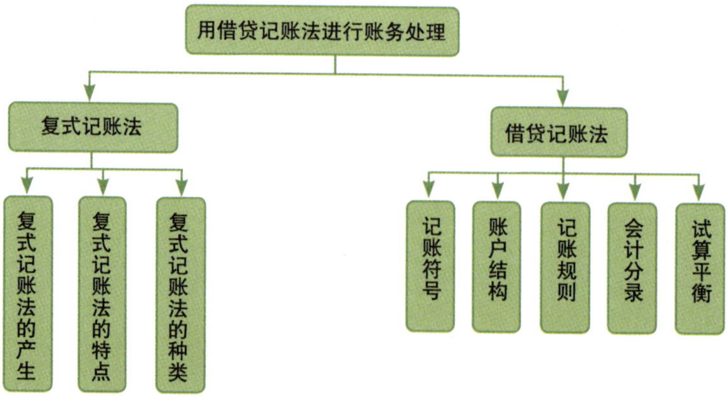

活动1 认知复式记账法

想一想

通过什么样的方式将经济业务事项中有关的账户信息记录下来，能够完整地反映会计要素增减变化?

一、记账方法

记账方法就是在会计账户中登记经济业务的方法，即根据一定的记账原则、记账符号、记账规则，采用一定的计量单位，利用文字和数字把经济业务记到账簿中去的一种专门方法。记账方法按记录方式不同，可分为单式记账法和复式记账法。

二、复式记账法

（一）复式记账法的产生

会计在其发展过程中，先有单式记账法，再出现了复式记账法。单式记账法是指对发生的每一项经济业务，只在一个账户中加以登记的记账方法。单式记账法账户设置并不完整，不能清楚地反映账户之间的内在联系。为了能够全面、系统、联系、综合地反映经济业务活动，记账方法就由原来的单式记账法发展为复式记账法。

（二）复式记账法的概念与特点

复式记账法是指对每一笔经济业务，都要用相等的金额，在两个或两个以上相互联系的账户中进行记录的记账方法。如“以银行存款 2 000 元购买库存商品”，这笔业务在记账时，不仅记“银行存款”减少 2 000 元，同时还要记“库存商品”增加 2 000 元。

在复式记账法下，有科学的账户体系，通过对应账户的双重等额记录，能反映经济活动的来龙去脉，并能运用账户体系的平衡关系来检查全部会计记录的正确性。因此，复式记账法作为科学的记账方法一直被广泛地运用。目前，我国所采用的记账方法都属于复式记账法。

（三）复式记账法的种类

复式记账法根据记账符号、记账规则等不同，又可分为借贷记账法、增减记账法和收付记账法等。其中，借贷记账法是世界各国普遍采用的一种记账方法，我国颁布的《企业会计准则》明文规定中国境内的所有企业都应该采用借贷记账法记账。

活动 2　应用借贷记账法

想一想

通过之前对会计账户的学习，在借贷记账法下，会计账户的基本结构会是怎样的？借和贷表示什么意思？“用银行存款来偿还 2 000 元的短期借款”的经济业务活动，你将如何通过借贷记账法表示出来呢？

借贷记账法是以“借”“贷”二字作为记账符号，记录会计要素增减变动情况的一种复式记账法。借贷记账法的对象是会计要素的增减变动过程及其结果。这个过程及结果可用公式表示：资产 = 负债 + 所有者权益。下面分别从记账符号、账户结构和记账规则这几方面进行介绍。

借贷记账法——概念、账户结构、记账规则

一、记账符号

“借”和“贷”是借贷记账法的标志，是一对记账符号，用来表示各会计要素的增加或减少。这对记账符号，本身不等于增和减，只有与具体的账户结合时，含义才能明确。它们要同借贷记账法的账户结构统一起来应用，才能真正反映出它们分别代表的会计对象要素增减变动的内容。

二、账户结构

在借贷记账法下，会计账户的基本结构是：左方为借方，右方为贷方。如下图所示。

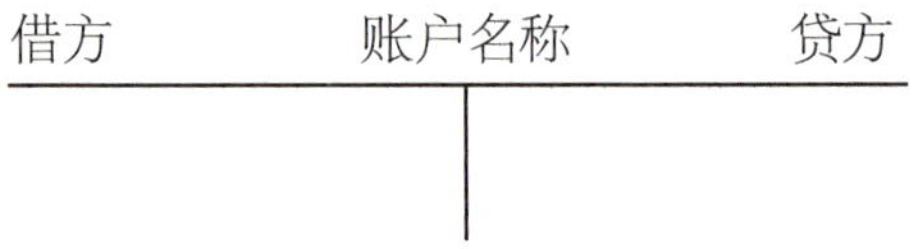

各种不同性质的会计科目，在借贷记账法下，借方和贷方登记的内容是各不相同的，一般“借”表示资产、费用的增加和权益、收入的减少；“贷”表示资产、费用的减少和权益、收入的增加。各类不同性质会计科目的基本结构具体如下。

（一）资产类账户结构

资产类账户的结构是借方登记资产的增加数，贷方登记资产的减少数。在一个会计期间内，借方登记的金额合计称为本期借方发生额，贷方登记的金额合计称为本期贷方发生额。在每一个会计期间的期末，都会比较本期借贷方发生额，并与期初余额进行比较，计算出期末余额。资产类账户期初和期末的余额一般都在借方。资产类会计科目的内部关系如下公式：

资产类会计科目期末余额 = 期初余额 + 本期借方发生额 − 本期贷方发生额

资产类的账户结构如下图所示。

借方　　资产类	贷方
期初余额 本期增加发生额	本期减少发生额
本期借方发生额合计	本期贷方发生额合计
期末余额	

（二）负债及所有者权益类账户结构

根据会计等式“资产 = 负债 + 所有者权益”，可以看出负债及所有者权益类科目的账户结构与资产类科目的账户结构正好相反，因此它们的账户结构是借方登记负债及所有者权益的减少数，贷方登记负债及所有者权益的增加数，期初和期末的余额一般都在贷方。负债及所有者权益类会计科目的内部关系如下公式：

负债及所有者权益类会计科目期末余额 = 期初余额 + 本期贷方发生额 − 本期借方发生额

负债及所有者权益类的账户结构如下图所示。

借方　　负债及所有者权益类	贷方
本期减少发生额	期初余额 本期增加发生额
本期借方发生额合计	本期贷方发生额合计
	期末余额

（三）费用成本类账户结构

企业在生产经营过程中要有各种耗费，有成本费用发生，在费用成本抵消收入以前，可以将其看作一种资产。如“生产成本”归集在生产过程中某产品所发生的所有耗费，但尚未完工结转入库，其反映企业在产品这项资产的金额。同时费用成本与资产同处于等式的左方，因此其结构与资产类账户的结构基本相同，只是由于借方记录的费用成本的增加额一般都要通过贷方转出，所以账户通常没有期末余额。如果因某种情况有余额，也表现为借方余额。费用成本类的账户结构如下图所示。

借方　　费用成本类	贷方
本期增加发生额	本期减少发生额
本期借方发生额合计	本期贷方发生额合计

（四）收入类账户

收入类账户的结构则与负债及所有者权益的结构一样，收入的增加额记入账户的贷方，收入转出（减少额）则应记入账户的借方，由于贷方记录的收入增加额一般要通过借方转出，所以该类账户通常也没有期末余额。收入类的账户结构如下图所示。

借方　　收入类	贷方
本期减少发生额	本期增加发生额
本期借方发生额合计	本期贷方发生额合计

综上所述可以看出，“借”“贷”二字作为记账符号所表示的经济含义是不一样的。因此，将各种账户结构的借方和贷方所记录的经济内容归纳如下表所示。

账户类别	借方	贷方	余额
资产类	增加	减少	借方
负债及所有者权益类	减少	增加	贷方
费用类	增加	减少	无余额
成本类	增加	减少	若有余额在借方
收入类	减少	增加	无余额

三、记账规则

记账规则是进行会计记录和检查账簿登记是否正确的依据和规律。运用借贷记账法登记经济交易或事项时，首先应根据经济交易或事项的内容，确定它所涉及的会计要素，以及这些会计要素是增加还是减少；其次确定经济交易或事项所涉及的会计科目；最后确定应将其记入有关会计科目的借方或是贷方及其金额。借贷记账法的记账规则是“有借必有贷，借贷必相等”。采用借贷记账法时，要求对每项经济业务都要以相等的金额、相反的方向，登记在两个或两个以上的账户中。

现以四类经济业务为例，说明借贷记账法的记账规则。

（一）资产内部转化的经济业务

【例 3-1】20×× 年 2 月 1 日甲公司将 20 000 元现金存入银行。

该笔经济业务的发生引起资产方的“银行存款”科目增加 20 000 元，应记入该科目借方；资产方的“库存现金”科目减少 20 000 元，应记入该科目贷方。有借必有贷，借贷必相等。因此，该笔经济业务在会计科目中应该做如下记录。

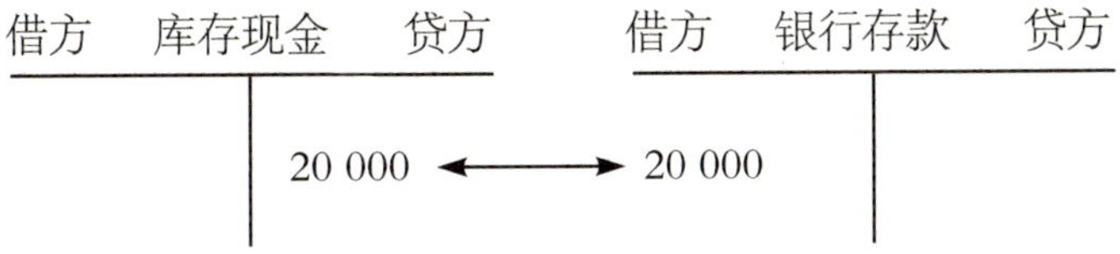

（二）资金进入企业的经济业务

【例 3-2】20×× 年 2 月 3 日甲公司向银行借入 5 个月期限的短期借款 60 000 元存入银行。

该笔经济业务的发生引起资产方的“银行存款”科目增加 60 000 元，应记入该科目借方；负债方的“短期借款”科目增加 60 000 元，应记入该科目贷方。有借必有贷，借贷必相等。因此，该笔经济业务在会计科目中应该做如下记录。

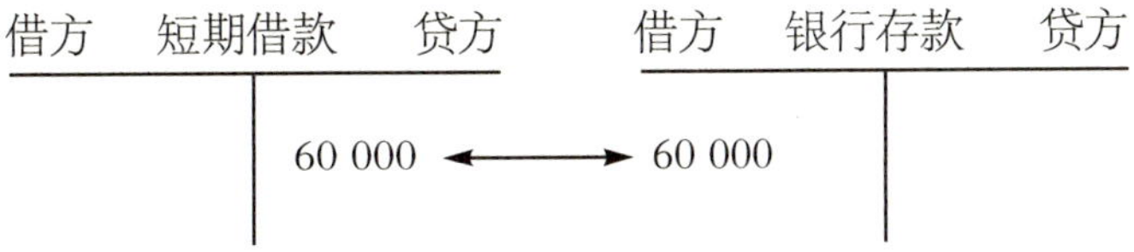

【例 3-3】20×× 年 2 月 12 日接受投资者投入的资本为 300 000 元，存入银行。

该笔经济业务的发生引起资产方的“银行存款”科目增加 300 000 元，应记入该科目借方；所有者权益方的“实收资本”科目增加 300 000 元，应记入该科目贷方。有借必有贷，借贷必相等。因此，该笔经济业务在会计科目中应该做如下记录。

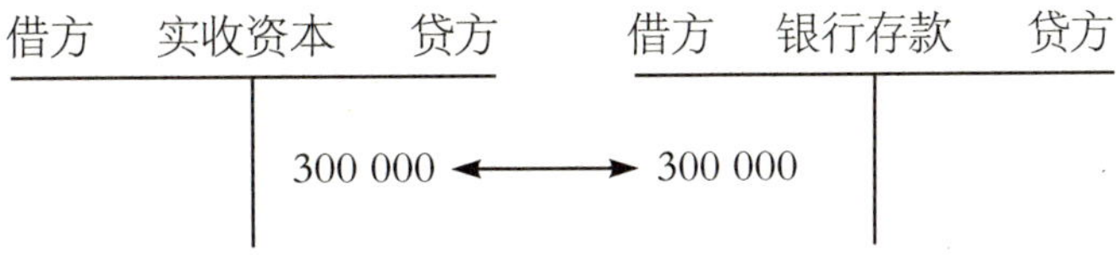

（三）资金退出企业的经济业务

【例 3-4】20×× 年 2 月 20 日用银行存款偿还前欠乙公司货款 28 000 元。

该笔经济业务的发生引起资产方的“银行存款”科目减少 28 000 元，应记入该科目贷方；负债方的“应付账款”科目减少 28 000 元，应记入该科目借方。有借必有贷，借贷必相等。因此，该笔经济业务在会计科目中应该做如下记录。

借方　银行存款　贷方		借方　应付账款　贷方	
	28 000	28 000	

（28 000 ←→ 28 000）

（四）权益内部转化的经济业务

【例 3-5】20×× 年 2 月 22 日甲公司向银行借入 6 个月的短期借款 400 000 元，直接用于归还前欠丙公司的货款。（负债内部转化）

该笔经济业务的发生引起负债方的“短期借款”科目增加 400 000 元，应记入该科目贷方；负债方的“应付账款”科目减少 400 000 元，应记入该科目借方。有借必有贷，借贷必相等。因此，该笔经济业务在会计科目中应该做如下记录。

借方　短期借款　贷方		借方　应付账款　贷方	
	400 000	400 000	

（400 000 ←→ 400 000）

【例 3-6】20×× 年 2 月 27 日经批准甲公司决定将盈余公积 80 000 元转增资本。（所有者权益内部转化）

该笔经济业务的发生引起所有者权益方的“盈余公积”科目减少 80 000 元，应记入该科目借方；所有者权益方的“实收资本”科目增加 80 000 元，应记入该科目贷方。因此，该笔经济业务在会计科目中应该做如下记录。

借方　实收资本　贷方		借方　盈余公积　贷方	
	80 000	80 000	

（80 000 ←→ 80 000）

四、会计分录

（一）会计分录的含义

借贷记账法——会计分录、试算平衡

会计分录，简称分录，是对每项经济业务列示出应借、应贷的账户名称及其金额的一种记录。会计分录由一组对应的记账符号，即借方和贷方；所涉及的两个或两个以上的会计科目；借贷双方的变动金额三个要素构成。

（二）会计分录的分类

按照所涉及账户的多少，会计分录分为简单会计分录和复合会计分录。简单会计分录指只涉及一个账户借方和另一个账户贷方的会计分录，即一借一贷的会计分录。复合会计分录指由两个以上（不含两个）对应账户组成的会计分录，即一借多贷、多借一贷或多借多贷的会计分录。

（三）会计分录的编制要求及步骤

会计分录的编制要求包括：会计分录要上下排列，借方科目在上，贷方科目在下，借方和贷方要错开一个字书写。对于复合分录，只需写一个“借”字或一个“贷”字即可，相同方向的会计科目需要对齐。

简单的会计分录：

A. 从银行存款中提取现金 2 000 元。

借：库存现金	20 000	
贷：银行存款		20 000

复合的会计分录：

B. 购入材料 60 000 元，增值税率 13%，以银行存款支付。

借：原材料	60 000	
应交税费——应交增值税（进项税额）	7 800	
贷：银行存款		67 800

在我国，会计分录记载于记账凭证中。在实际工作中，编制会计分录是会计工作的初始阶段，会计分录是记账的直接依据，如果会计分录编制错了，必然会影响整个会计记录的正确性，因此会计分录必须真实地反映经济业务的内容，正确确定应借、应贷的账户及其金额。在经济业务发生时，会计分录的编制步骤如下：

（1）分析经济业务事项涉及的相关会计要素；

（2）确定业务事项中分别涉及哪些会计科目，是增加还是减少；

（3）根据账户的性质及增减变化情况，确定记账方向；

（4）根据经济业务内容分析计算并记入每个对应会计科目的金额；

（5）确定使用的会计科目、借贷方向是否正确，借贷金额是否相等，根据会计分录的编制要求，编制完整的会计分录。

实践练习

下面通过简单的例子来熟悉会计分录的编制。

假定甲公司在20××年3月31日"银行存款"里的期末余额为20 000元，4月发生了以下业务。

【例3-7】20××年4月1日甲公司将10 000元现金存入银行。

借：银行存款　　10 000

　　贷：库存现金　　10 000

【例3-8】20××年4月3日甲公司归还银行的短期借款50 000元，通过银行存款支付。

借：短期借款　　50 000

　　贷：银行存款　　50 000

【例3-9】20××年4月6日收到乙公司所欠货款80 000元，其中现金20 000元，剩余存入银行。

借：库存现金　　20 000

　　银行存款　　60 000

　　贷：应收账款　　80 000

【例3-10】20××年4月12日开出转账支票一张，用于偿还前欠货款18 000元。

借：应付账款　　18 000

　　贷：银行存款　　18 000

【例3-11】20××年4月22日接受投资者投入的资本为200 000元，存入银行。

借：银行存款　　200 000

　　贷：实收资本　　200 000

活动3　用试算平衡检查账户记录

想一想

你用借贷记账法记了一个月的账，怎样检验自己记的账是正确的？依据是什么？

一、试算平衡的含义

根据会计等式"资产＝负债＋所有者权益"可知，采用借贷记账法，所有会计科目期初借方余额和期初贷方余额必然相等，而会计期间内对于发生的每一项经济交易或事项都是用借贷相等的金额来记录的，因此全部

平衡关系的建立

会计科目的借方发生额和贷方发生额也必然相等，这就形成了会计科目之间一系列的平衡关系。这种平衡关系主要包括三个方面：

全部会计科目的借方期初余额合计数＝全部会计科目的贷方期初余额合计数

全部会计科目的本期借方发生额合计数＝全部会计科目的本期贷方发生额合计数

全部会计科目的借方期末余额合计数＝全部会计科目的贷方期末余额合计数

通过上述三个方面的平衡关系，可以检查会计科目记录的正确性。如果三方面都保持平衡，说明记账工作基本是正确的。通常把这种检查会计科目记录的工作方法称为试算平衡。

因此试算平衡可以定义为：根据借贷记账法的记账规则和资产与权益的恒等关系，通过对所有账户的发生额和余额的汇总计算和比较，来检查记录是否正确的一种方法。不同记账方法下的试算平衡也不尽相同。

二、试算平衡的方法

（一）发生额试算平衡法

根据借贷记账法“有借必有贷，借贷必相等”的记账规则，每一笔交易或事项均以相等的金额记入两个或两个以上相关会计科目的借方和贷方，因此对每一笔交易或事项而言，计入借方的金额合计与计入贷方的金额合计必然相等。因此可以推出，一定时期内所有的交易或事项全部记入会计科目后，所有会计科目的借方发生额合计与贷方发生额合计也必然会相等。

发生额试算平衡正是基于这个原理来判断一定时期内会计记录是否正确的，即指全部账户本期借方发生额合计与全部账户本期贷方发生额合计保持平衡，即：

全部账户本期借方发生额合计＝全部账户本期贷方发生额合计

根据【例 3-7】至【例 3-11】，编制的发生额试算平衡如下表所示。

本期发生额试算平衡表

年　月　　　　单位：元

会计科目	借方发生额	贷方发生额
库存现金	20 000	10 000
银行存款	270 000	68 000
应收账款		80 000
短期借款	50 000	
应付账款	18 000	
实收资本		200 000
合计	358 000	358 000

（二）余额试算平衡法

余额试算平衡所依据的原理是“资产 = 负债 + 所有者权益”，资产账户的余额在借方，负债、所有者权益账户的余额在贷方，所以本期所有账户的借方余额合计与贷方余额合计应当恒等的关系，据此来检验本期账户记录是否正确。指的是全部账户借方期末（初）余额合计与全部账户贷方期末（初）余额合计保持平衡，即：

全部账户借方期末（初）余额合计＝全部账户贷方期末（初）余额合计

实务中，余额试算平衡是通过编制试算平衡表来完成的。试算平衡表通常是在期末结出各账户的本期发生额合计和期末余额后编制的，试算平衡表中一般应设置“期初余额”“本期发生额”和“期末余额”三大栏目，其下分设“借方”和“贷方”两个小栏。各大栏中的借方合计与贷方合计应该平衡相等，否则，便存在记账错误。假设甲公司在20×× 年 4 月 1 日所有会计科目期初余额如下表期初余额栏中所列，4 月所发生的经济业务如【例 3-7】至【例 3-11】所列，进行试算平衡编制的试算平衡表如下表所示。

试算平衡表

年　月　　　　单位：元

会计科目名称	期初余额		本期发生额		期末余额	
	借方	贷方	借方	贷方	借方	贷方
库存现金	10 000		20 000	10 000	20 000	
银行存款	200 000		270 000	68 000	402 000	
应收账款	90 000			80 000	10 000	
其他应收款	25 000				25 000	
原材料	73 000				73 000	
固定资产	288 000				288 000	
短期借款		50 000	50 000			0
应付账款		26 000	18 000			8 000
长期借款		110 000				110 000
实收资本		500 000		200 000		700 000
合计	686 000	686 000	358 000	358 000	818 000	818 000

通过编制试算平衡表可以对一段时间内企业会计科目记录的正确性进行验证，如果借贷不平衡，说明会计科目的记录和计算出现错误，必须立即检查，进行更正。但是试算平衡表也有局限性，一些错记或漏记的情况是试算平衡表无法发现的，如一笔经济业务事项重复记录或借贷方同时漏记、会计分录的借贷方向被颠倒、用错会计科目名称等。

实践练习

实训一

【目的】练习会计分录的编制。

【资料】某企业1月发生下列各项经济业务：

（1）向银行借入短期借款150 000元，存入银行存款户。

（2）从银行存款户提取现金1 000元。

（3）经理张利出差预借差旅费1 200元，以现金支付。

（4）购进原材料一批已入库，价款25 000元，以银行存款支付20 000元，其余暂欠。

（5）以银行存款购入新汽车一辆，价款共180 000元。

（6）用银行存款偿还应付供货单位材料款32 000元。

（7）收到客户前欠货款120 000元，存入银行。

（8）以银行存款200 000元归还到期的短期借款。

（9）投资者追加投入资本80 000元，款项收到存入银行。

（10）经理张利出差归来，报销差旅费1 000元，交回现金200元。

【要求】根据上述经济业务，用借贷记账法编制会计分录。

实训二

【目的】练习试算平衡表的编制。

【资料】假定某企业20××年1月初各资产、负债及所有者权益账户的余额如下表所示。

某企业总分类账1月初试算平衡表

单位：元

资产	金额	负债和所有者权益	金额
库存现金	10 000	短期借款	600 000
银行存款	1 350 000	应付账款	80 000
应收账款	300 000	应交税费	20 000
原材料	1 400 000	实收资本	8 600 000
库存商品	240 000		
固定资产	6 000 000		
合计	9 300 000	合计	9 300 000

1月该企业发生下列各项经济业务：

（1）向银行借入短期借款150 000元，存入银行存款户。

（2）从银行存款户提取现金 1 000 元。

（3）经理张利出差预借差旅费 1 200 元，以现金支付。

（4）购进原材料一批已入库，价款 25 000 元，以银行存款支付 20 000 元，其余暂欠。

（5）以银行存款购入新汽车一辆，价款共 180 000 元。

（6）用银行存款偿还应付供货单位材料款 32 000 元。

（7）收到客户前欠货款 120 000 元，存入银行。

（8）以银行存款 200 000 元归还到期的短期借款。

（9）投资者追加投入资本 80 000 元，款项收到存入银行。

（10）经理张利出差归来，报销差旅费 1 000 元，交回现金 200 元。

【要求】1. 根据上述经济业务，用借贷记账法编制会计分录。

2. 开设各账户（T 字型账户）登记期初余额、本期发生额，计算期末余额，并编制总分类账户的本期发生额和期末余额试算平衡表。

项目综合练习

参考答案

习题一

根据下列账户中的有关数据并结合各账户的类型计算每个账户的未知数据。

金额单位：元

账户名称	期初余额	本期借方发生额	本期贷方发生额	期末余额
库存现金	2 500	41 000	38 500	?
固定资产	2 480 000	?	150 000	3 650 000
短期借款	?	480 000	750 000	800 000
应付账款	400 000	380 000	?	150 000
盈余公积	180 000	20 000	14 500	?

习题二

根据所给业务判断其引起变动会计要素的性质，确定应记会计科目和应记的方向。

序号	交易、事项内容	资产	负债	共同	所有者权益	成本	损益	应记会计科目	应记方向	
									借方	贷方
1	以银行存款购买材料	√ √						银行存款 原材料	 √	√

续表

序号	交易、事项内容	资产	负债	共同	所有者权益	成本	损益	应记会计科目	应记方向	
									借方	贷方
2	购买材料货款未付									
3	以现金支付办公费									
4	收回所欠货款存入银行									
5	以存款支付车间电费									
6	取得银行贷款3年期									
7	暂付职工差旅费									
8	销售产品货款尚未收到									
9	生产产品领用材料									
10	将资本公积转入实收资本									
11	以存款支付银行手续费									
12	以现金发放职工工资									
13	收到外单位投资存入银行									
14	以银行存款归还短期借款									

习题三

根据以下经济业务事项编制会计分录。

甲企业3月发生下列各项经济业务：

（1）向银行借入短期借款50 000元存入银行。

（2）用银行存款偿还前欠A单位货款20 000元。

（3）收到B公司投入资本30 000元存入银行。

（4）收到乙公司前欠货款12 000元存入银行。

（5）用现金发放职工工资30 000元。

（6）从银行存款提取出2 000元库存现金。

（7）将3 000元现金存入银行。

（8）向银行借入3年期的借款60 000元。

（9）投资者投入的资本为1 000 000元，存入银行。

（10）收到所有者投入的大型机器设备一台，价值10 000元。

（11）向乙公司购入原材料一批，计价20 000元，应交纳的增值税进项税额2 600元，材料验收入库，货款未付。

（12）购买办公用品 2 000 元，用银行存款支付。

（13）销售 A 商品一批价值 56 500 元，其中包含应交纳的增值税销项税额 6 500 元，货款已存入银行。

（14）收到应收货款 5 000 元，存入银行。

（15）以现金支付本月生产车间的水电费 1 000 元。

（16）购买一台车床，买价 240 000 元，增值税 31 200 元，款项暂未支付，设备交付使用。

（17）行政管理人员李某预借差旅费 2 000 元，以现金支付。

（18）结转本月销售 A 产品成本 45 000 元。

（19）用银行存款支付广告费 3 000 元。

（20）用银行存款支付本月水电费，厂部用 800 元，车间用 1 000 元。

习题四

（一）资料

1. 假定某企业在 20×× 年 6 月 1 日各资产、负债及所有者权益账户的期初余额如下表所示。

单位：元

资产类账户	金额（借方）	负债及所有者权益类账户	金额（贷方）
银行存款	135 000	短期借款	58 000
应收账款	10 000	应付账款	8 000
其他应收款	20 000	应交税费	4 000
生产成本	40 000	应付职工薪酬	20 000
原材料	120 000	实收资本	660 000
库存商品	25 000	盈余公积	200 000
固定资产	600 000		
总　计	950 000	总　计	950 000

2. 6 月该企业发生以下各项经济业务：

（1）向乙公司购入原材料一批，计价 20 000 元，应交纳的增值税进项税额 2 600 元，材料验收入库，货款用银行存款支付。

（2）生产车间向仓库领用原材料一批，价款 40 000 元，全部投入生产。

（3）从银行存款提取出 2 000 元库存现金。

（4）用银行存款偿还应付供货单位的材料款 3 000 元。

（5）用银行存款发放职工工资 10 000 元。

（6）收到购货单位前欠货款 3 000 元存入银行。

（7）以银行存款 16 000 元，归还短期借款 12 000 元，归还应付供货单位款项 4 000 元。

（8）接受投资者投入的资本为 100 000 元，存入银行。

（9）收到购货单位前欠货款 4 000 元，其中 3 600 元存入银行，400 元现金。

（10）用银行存款购入汽车一辆，价款 100 000 元。

（11）向银行借入 3 个月的临时借款 30 000 元，已经存入银行。

（12）用银行存款帮职工李红垫付了医药费 1 000 元。

（二）要求

1. 根据上述经济业务，用借贷记账法编制会计分录。
2. 开设 T 字型账户，并登记期初余额，本期发生额，结出期末余额。
3. 编制试算平衡表，检查账户记录是否正确。

项目四　借贷记账法的应用

【情境案例】

毕业后，王红与两位好友（赵虎和钱成）合伙自主创业，成立了小苹果服装有限公司，该公司属于服装加工行业，主要生产童装和女装。下面按照企业主要经济业务过程（资金循环的几个环节）对小苹果服装有限公司的经济业务进行账务处理。

任务一　筹集资金的核算

【任务目标】

知识目标：正确运用借贷记账法进行企业筹集资金核算。

能力目标：能够进行筹集资金业务的账务处理。

素养目标：培养浓厚的学习兴趣，养成规范的操作习惯和严谨、细致的工作作风。

【学习准备】

资料准备：收集企业筹集资金核算所需的各种信息。

学时安排：讲授 2 学时，专业实践 2 学时。

【知识结构图】

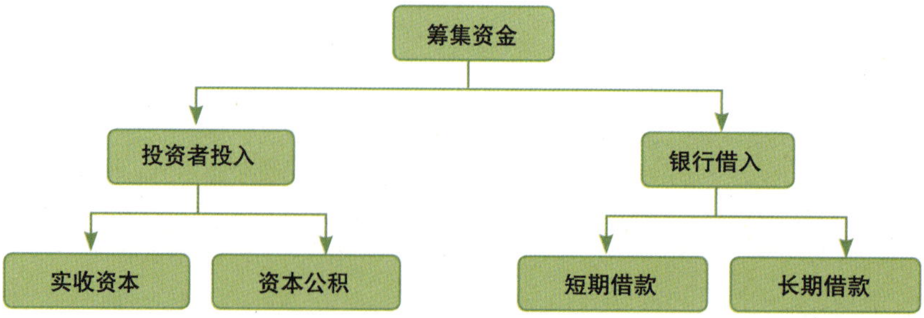

活动 1　描述企业筹集资金的渠道

想一想

请说出小苹果服装有限公司所需要资金的主要来源渠道。

企业进行生产经营活动所需要的资金，其主要来源渠道是企业所有者的投资和从银行取得的借款。另外，还有临时占用其他单位或个人的资金及其他来源。

企业的投资者包括国家、法人单位、个人和外商，投资方式有货币资金、固定资产、材料物资及无形资产等。投资者投入的资本是企业在工商行政管理部门注册登记的资本金，是国家批准企业从事生产经营活动的首要条件。企业从银行取得的借款按偿还期不同分为短期借款和长期借款，不论期限长短，都必须按期偿还，并按规定利率支付借款利息。

活动 2　筹集资金的核算

想一想

为了进行筹集资金的核算，小苹果服装有限公司应设置哪些账户？所设置的账户分别属于哪类账户？哪些账户一般有明细分类账户？

一、投入资金核算涉及的账户

筹集资金的核算

（一）“实收资本”账户

属于所有者权益类账户。用来核算企业所有者投入资本的增减变动情况。贷方登记实际收到的投资额，借方登记按法定程序减少的资本数额，期末贷方余额表示投入资本的实有数额。该账户应按投资人设置明细分类账户，进行明细分类核算。账户结构如下：

借方　　　　　实收资本	贷方
按法定程序减少的资本数额	实际收到的投资额
	投入资本的实有数额

（二）“资本公积”账户

属于所有者权益类账户。用来核算企业收到投资者出资额超出其注册资本（或股本）所占份额的部分的增减变动情况。贷方登记资本公积的增加数，借方登记按规定转增资本数，期末余额在贷方表示资本公积的结余数。

资本公积转增资本时，要到工商部门进行变更登记，按照每位投资者的出资份额，按比例转增。账户结构如下：

资本公积

借方	贷方
按规定转增注册资本的数额	资本公积增加数额
	资本公积的结余数

【做中学】

投入资本业务的核算

1. 20××年12月1日收到赵虎投入资本200 000元，存入银行。

借：银行存款　　200 000

　　贷：实收资本——赵虎　　200 000

2. 20××年12月3日收到王红投入的缝纫机100台，每台2 000元，总价值200 000元。

借：固定资产——机器设备——缝纫机　　200 000

　　贷：实收资本——王红　　200 000

3. 20××年12月3日，收到钱成投入的服装商标权，三方协商以200 000元作为投入资本入账。

借：无形资产——商标权　　200 000

　　贷：实收资本——钱成　　200 000

观察与思考

经过1年的努力，公司实现了可观的收益。同学孙丽也要加入小苹果服装有限公司，服装公司也需吸收资金扩大经营。如果她出资20万元，与王红、赵虎和钱成三人1年前出资20万元享有同等的权益，合适吗？不合适的话怎么办？

经协商孙丽以26万元作为投资，等同20万元的权益。到工商局办理了增加注册资本20万元的手续。账务处理如下：

借：银行存款　　260 000

　　贷：实收资本——孙丽　　200 000

　　　　资本公积　　60 000

小组讨论：若上题的资本公积 60 000 元要转增资本，应如何做账务处理？

按照 4 位投资者的出资份额，按比例转增。

由于 4 人出资额相等，按同比例分配。账务处理为：

借：资本公积　　60 000

　　贷：实收资本——王红　　15 000

　　　　　　　　——赵虎　　15 000

　　　　　　　　——钱成　　15 000

　　　　　　　　——孙丽　　15 000

二、借入资金核算涉及的账户

（一）“短期借款”账户

属于负债类账户。用来核算企业从银行借入的偿还期在 1 年以内（含 1 年）的各种借款的增减变动情况。贷方登记借入的各种短期借款，借方登记到期偿还的借款，期末贷方余额表示尚未偿还的短期借款。账户结构如下：

借方　　短期借款	贷方
到期偿还的借款	借入的各种短期借款
	尚未偿还的短期借款

（二）“长期借款”账户

属于负债类账户。用来核算企业从银行借入的偿还期在 1 年以上的各种借款的增减变动情况。借方登记到期偿还的借款本息，贷方登记借入的各种长期借款的本金及应付的利息，期末贷方余额表示尚未偿还的长期借款。账户结构如下：

借方　　长期借款	贷方
到期偿还的借款本息	借入的各种长期借款的本金及应付的利息
	尚未偿还的长期借款

【做中学】

借入资金业务的核算

20××年12月1日，小苹果服装有限公司的资金周转有困难，决定向银行借入期限为3个月的借款60 000元，存入银行存款户。

借：银行存款　　　　60 000

　　贷：短期借款　　　　60 000

20××年12月10日，买设备需要再向银行借入期限为3年，年利率为8%的借款100 000元，存入银行存款户。

借：银行存款　　　　100 000

　　贷：长期借款　　　　100 000

上述向银行借入3个月的短期借款，利息怎样结算？到期偿还本息怎样做账务处理？

短期借款的利息要按月结算。假如上述短期借款年利率为6%。

月利息=60 000×6%/12=300元

第一个月：借：财务费用　　　　300

　　　　　　贷：应付利息　　　　300

第二个月：(同上)

第三个月：到期还本付息

借：财务费用　　　　300（第三个月的利息）

　　应付利息　　　　600（第一、第二个月的利息）

　　短期借款　　　　60 000（本金）

　　贷：银行存款　　　　60 900

观察与思考

下列业务涉及哪些账户，怎样做账务处理？（暂不考虑增值税问题）

（1）1月1日，向银行申请取得期限为3年的借款150 000元，已存入银行。

（2）1月5日，新华公司以新建厂房一栋向企业投资，协商作价500 000元。

（3）1月10日，因临时需要向银行申请3个月期借款50 000元，存入银行。

（4）1月15日，收到飞龙工厂以专利权向企业的投资，评估价60 000元。

（5）1月20日，收到大华工厂投入资本200 000元，存入银行。

（6）1月30日，经批准将资本公积120 000元转增注册资本。

（7）1 月 31 日，用银行存款归还已到期的为期 6 个月的借款 60 000 元。

（8）1 月 31 日，收到万达工厂投入的机器设备，双方协商作价 100 000 元。

实践练习

【目的】练习企业筹集资金的核算。

【资料】长城工厂 20×× 年 1 月发生下列经济业务：

（1）向银行申请取得期限为 3 年的借款 150 000 元，已存入银行存款户。

（2）某企业以新建厂房一栋向本企业投资，价值 500 000 元。

（3）收到某企业向本企业投资 80 000 元，存入银行。

（4）用银行存款归还已到期的 2 年期借款，本息共计 120 000 元。

（5）因临时需要向银行申请 3 个月期借款 50 000 元，存入银行存款户。

（6）收到飞龙工厂以专利权向本企业进行的投资，评估价 60 000 元。

（7）收到大华工厂投入资本 200 000 元，存入银行。

（8）经批准将资本公积 120 000 元转增注册资本。

（9）用银行存款归还已到期的期限为 6 个月的借款 60 000 元。

（10）收到万达工厂投入的机器设备，双方协商作价 100 000 元；投入的土地使用权，双方协商作价 40 000 元。

【要求】根据以上经济业务编制会计分录。

任务二　供应过程的核算

【任务目标】

知识目标：掌握供应过程的核算内容，理解账户的运用。

能力目标：能够进行供应过程的账务处理。

素养目标：培养学生会计思维方式和严谨细致的工作作风。

【学习准备】

资料准备：收集企业供应过程核算所需的各种信息。

学时安排：讲授 4 学时，专业实践 2 学时。

【知识结构图】

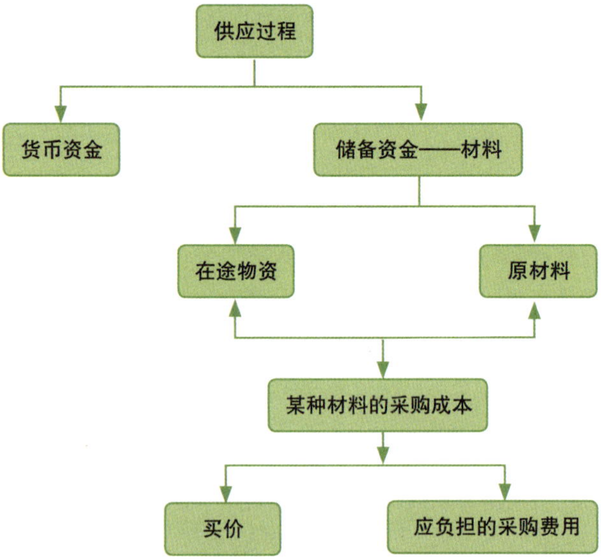

活动 1　描述企业供应过程

想一想

1. 小苹果服装有限公司要生产童装和女装，生产前供应过程的任务是什么？
2. 供应过程核算的主要内容有哪些？

供应过程是生产经营过程的第一阶段，主要任务是采购物资及储备生产需要的各项材料物资。核算的主要内容是购入物资、与供货单位办理价款结算、确定物资的采购成本及将物资验收入库形成物资储备。

活动 2　供应过程的核算

想一想

供应过程的核算应设置哪些账户？所设置的账户分别属于哪类账户？哪些账户一般有明细分类账户？

一、供应过程涉及的主要账户

（一）“在途物资”账户

属于资产类账户。用来核算企业购入材料的采购成本。该账户可按单位种类或材料物资的种类设置明细分类账户，进行分类核算。账户结构如下：

借方　　　　　　在途物资	贷方
买价和采购费用	入库材料采购成本
尚未入库材料采购成本	

（二）“原材料”账户

属于资产类账户。用来核算企业库存材料的增减变动及结存情况。该账户应按材料种类及规格设置明细分类账户，进行分类核算。账户结构如下：

借方　　　　　　原材料	贷方
入库材料采购成本	发出材料成本
库存材料成本	

（三）“应交税费”账户

属于负债类账户。核算企业按照税法等规定计算应交纳的各种款项，包括增值税、所得税、城市维护建设税、教育费附加等。按税种设置明细分类账。账户结构如下：

借方　　　　　　应交税费	贷方
实际交纳的税费数	经计算应交纳的税费数
	欠交的税费数

（四）“应交税费——应交增值税”账户

属于负债类账户。用来核算企业应交纳的增值税。借方登记购进物资时支付的进项税和实际交纳的增值税，贷方登记销售时收取的销项税。该账户的期末余额如在借方，表示尚未抵扣的增值税额。如在贷方，表示欠交的增值税。账户结构如下：

借方　　　应交税费——应交增值税	贷方
购进时支付的进项税 实际交纳的增值税	销售时收取的销项税
尚未抵扣的增值税额	

（五）“应付账款”账户

属于负债类账户。用来核算企业因购买材料物资或接受劳务等应付给供货单位的款项。该账户按供货单位设置明细分类账户，进行分类核算。账户结构如下：

借方　　　　　　应付账款	贷方
偿还的款项	应付的款项
	尚未偿还的款项

【做中学】

购进材料货款已付，材料直接验收入库的核算：

1. 12 月 2 日，从胜利纺织厂购入生产女装用的羊毛布料 500 米，买价 50 000 元，增值税进项税额 6 500 元，款项用银行存款支付，材料同时验收入库。

借：原材料——羊毛布料　　　　50 000
　　应交税费——应交增值税（进项税额）　　6 500
　　贷：银行存款　　　　56 500

购进材料货款已付，材料尚未验收入库的核算：

2. 12 月 20 日，从红光工厂购入生产童装用的纯棉布料 500 米，买价 20 000 元，增值税进项税额 2 600 元，款项用银行存款支付，材料尚未到达。

借：在途物资——纯棉布料　　　　20 000
　　应交税费——应交增值税（进项税额）　　2 600
　　贷：银行存款　　　　22 600

3. 12 月 20 日，从红光工厂购入的纯棉布料 500 米到达，并已验收入库。

借：原材料——纯棉布料　　　　20 000
　　贷：在途物资——纯棉布料　　　　20 000

购进材料货款未付，材料直接验收入库的核算：

4. 12月25日，从光明工厂购入腈纶布料 2 000 米，买价 40 000 元，增值税进项税额 5 200 元，购入蚕丝布料 100 米，买价 5 000 元，增值税 650 元，款项暂未支付，材料已验收入库。

借：原材料——腈纶布料　　　　40 000
　　　　　　——蚕丝布料　　　　5 000
　　应交税费——应交增值税（进项税额）　　5 850
　　贷：应付账款——光明工厂　　　　50 850

5. 12月30日，用银行存款支付前欠光明工厂购料款50 850元。

借：应付账款——光明工厂　　50 850

　　贷：银行存款　　50 850

二、材料采购成本构成

材料采购成本由买价和采购费用构成，其中采购费用包括运杂费、运输途中的合理损耗、入库前的整理挑选费用和国外进口物资应负担的进口关税等。为了简化核算，采购人员的差旅费不计入材料物资采购成本，直接计入管理费用。

买价属直接费用，直接计入各种材料成本；采购费用有可能是多种材料共同发生的，就需要由多种材料共同负担，如甲、乙、丙三种材料共同发生运输费5 000元，就需要按一定的标准在甲、乙、丙三种材料之间分配。通常采用重量、体积等合理的标准分配。

【做中学】

采购费用在多种材料间分配，计算采购成本。

1. 12月30日，从东风工厂购入羊毛布料1 000米，买价98 000元，腈纶布料2 400米，买价47 520元，蚕丝布料1 500米，买价72 000元，增值税合计28 277.60元，款项用银行存款支付，材料尚未到达。

借：在途物资——羊毛布料　　98 000.00

　　　　　——腈纶布料　　47 520.00

　　　　　——蚕丝布料　　72 000.00

　　应交税费——应交增值税（进项税额）　　28 277.60

　　贷：银行存款　　245 797.60

2. 12月30日，用银行存款支付羊毛、腈纶、蚕丝三种布料共同发生的运杂费5 880元。

企业确定的分配标准为：布料的米数。

运杂费分配率 =5 880 ÷（1 000+2 400+1 500）=5 880 ÷ 4 900=1.2

羊毛布料应负担的运杂费 =1 000 × 1.2=1 200（元）

腈纶布料应负担的运杂费 =2 400 × 1.2=2 880（元）

蚕丝布料应负担的运杂费 =1 500 × 1.2=1 800（元）

根据分配结果编制会计分录如下：

借：在途物资——羊毛布料　　1 200

　　　　　——腈纶布料　　2 880

　　　　　——蚕丝布料　　1 800

　贷：银行存款　　5 880

3. 12月31日，羊毛、腈纶、蚕丝三种布料到达并验收入库，结转在途物资采购成本。

A. 羊毛布料采购成本 =98 000+1 200=99 200（元）

腈纶布料采购成本 =47 520+2 880=50 400（元）

蚕丝布料采购成本 =72 000+1 800=73 800（元）

B. 羊毛布料单位成本 =99 200 ÷ 1 000=99.20（元）

腈纶布料单位成本 =50 400 ÷ 2 400=21（元）

蚕丝布料单位成本 =73 800 ÷ 1 500=49.20（元）

借：原材料——羊毛布料　　99 200

　　　　——腈纶布料　　50 400

　　　　——蚕丝布料　　73 800

　贷：在途物资——羊毛布料　　99 200

　　　　　　——腈纶布料　　50 400

　　　　　　——纯棉布料　　73 800

实践练习

【目的】 练习供应过程的核算。

【资料】 立达工厂 20×× 年 3 月发生下列经济业务：

（1）2 日，从星海工厂购入 A 材料 500 千克，买价 60 000 元，增值税进项税额 7 800 元，运杂费 400 元，款项已用银行存款支付，材料验收入库。

（2）5 日，从五金商店购入 C 材料 20 千克，买价 400 元，增值税进项税额 52 元；D 材料 5 千克，买价 100 元，增值税进项税额 13 元，价款已用现金支付，材料验收入库。

（3）8 日，从宏远工厂购入 C 材料 200 千克，买价 50 000 元，增值税进项税额 6 500 元，D 材料 100 件，买价 30 000 元，增值税进项税额 3 900 元，对方代垫运杂费共计 4 800 元。款项尚未支付，材料已验收入库（运杂费按材料买价进行分配）。

（4）10 日，用银行存款偿还上月欠东方工厂的购料款 56 500 元。

（5）18 日，从大洋工厂购入 B 材料 300 千克，买价 30 000 元，增值税进项税额 3 900 元，运杂费 800 元，款项用银行存款支付，材料尚未到达。

（6）20 日，从大洋工厂购入的 B 材料 300 千克到达，并验收入库。

（7）24 日，从光华工厂购入 A 材料 200 千克，买价 24 000 元，增值税进项税额 3 120 元，运杂费 160 元，款项尚未支付，材料验收入库。

（8）25 日，从永昌工厂购入 A 材料 300 千克，买价 30 000 元，增值税进项税额 3 900 元，B 材料 80 千克，买价 8 000 元，增值税进项税额 1 040 元，共发生运杂费 760 元，款项已用银行存款支付，材料尚未到达（运杂费按材料重量分配）。

（9）27 日从永昌工厂购入的材料验收入库。

（10）28 日，用银行存款支付欠光华工厂购料款 27 280 元。

【要求】根据以上经济业务编制会计分录。

任务三　生产过程的核算

【任务目标】

知识目标：1. 明确生产过程核算程序。

2. 了解生产过程核算的主要内容。

能力目标：1. 能正确运用生产过程核算中设置的主要账户。

2. 会进行制造费用的归集和分配，计算完工产品成本。

3. 能进行生产过程的账务处理。

素养目标：培养学生会计思维方式和一定的自我发现能力，养成规范的操作习惯和严谨、细致的工作作风。

【学习准备】

资料准备：收集生产过程核算所需的各种信息。

学时安排：讲授 8 学时，专业实践 8 学时。

【知识结构图】

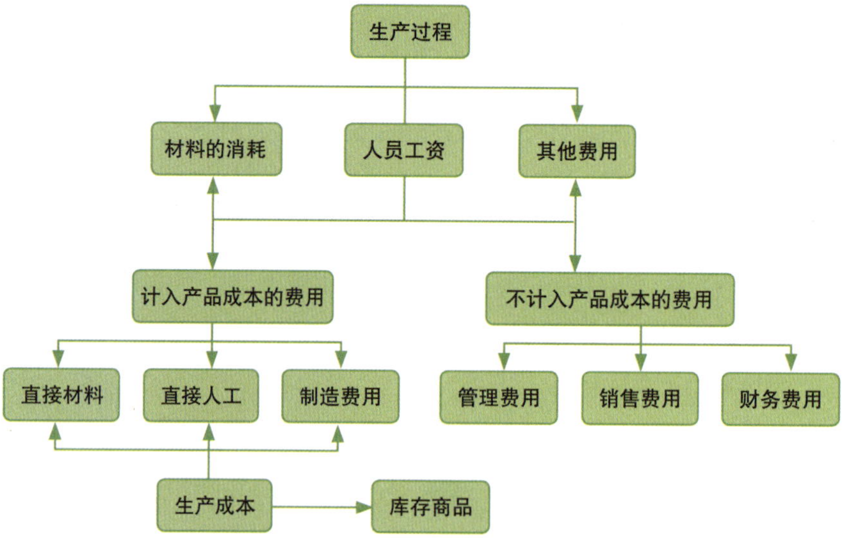

活动1 描述企业生产过程

想一想

1. 小苹果服装有限公司要生产女装和童装，必然要发生哪些耗费？
2. 生产过程核算的主要内容是什么？

工业企业的基本任务是生产社会需要的产品，因此产品的生产过程是企业生产经营过程的中心环节。为了生产产品，必然要发生各种耗费，如材料的耗费、固定资产的磨损、支付职工薪酬和其他费用等，这些生产耗费最终归集分配到各种产品成本中去，构成产品成本。对于生产经营过程中发生的与产品生产无直接关系的各项费用，如管理费用、财务费用，应当直接计入当期损益，不计入产品成本。因此，生产过程核算的主要内容是归集和分配各项费用，计算产品生产成本。

活动 2 生产过程的核算

想一想

为了进行生产过程的核算，企业应设置哪些账户？所设置的账户分别属于哪类账户？哪些账户一般有明细分类账户？

一、涉及的主要账户

（一）“生产成本”账户

属于成本类账户。用来核算企业进行工业性生产发生的各项生产成本。该账户应按产品的种类设置明细分类账户，进行明细分类核算。账户结构如下：

生产成本

借方	贷方
生产产品直接耗用的材料费和人工费 月末转入的制造费用	月末转出的完工入库产品成本
尚未完工的在产品成本	

（二）“制造费用”账户

属于成本类账户。用来核算企业生产部门为生产产品和提供劳务而发生的各项间接费用，该账户期末一般无余额。账户结构如下：

制造费用

借方	贷方
车间发生的各项间接费用	月末分配转入“生产成本”账户的费用

（三）“管理费用”账户

属于损益类账户。用来核算企业为组织和管理企业生产经营活动而发生的管理费用。该账户期末无余额。账户结构如下：

管理费用

借方	贷方
企业发生的各项管理费用	期末转入“本年利润”账户的费用

（四）“财务费用”账户

属于损益类账户。用来核算企业为筹集生产经营所需资金等而发生的筹资费用。该账户期末无余额。账户结构如下：

财务费用

借方	贷方
企业发生的各项财务费用	期末转入“本年利润”账户的费用

（五）“应付职工薪酬”账户

属于负债类账户。用来核算企业根据有关规定应付给职工的各种薪酬。该账户可按“工资”“职工福利”等进行明细核算。账户结构如下：

应付职工薪酬

借方	贷方
实际发放的职工薪酬	企业应付给职工的各种薪酬
	尚未支付的职工薪酬

（六）“应付利息”账户

属于负债类账户。用来核算企业按照合同约定应支付的利息。该账户可按存款人或债权人进行明细核算。账户结构如下：

应付利息

借方	贷方
实际支付的利息	按实际利率计算确定的应付未付利息
	企业应付未付的利息

（七）“其他应收款”账户

属于资产类账户。用来核算企业应收及暂付其他单位或个人的款项。该账户应按单位或个人设置明细分类账户，进行明细分类核算。账户结构如下：

借方　　　其他应收款	贷方
其他应收款的增加	收回的其他应收款项
尚未收回的款项	

（八）“累计折旧”账户

属于资产类账户。用来核算企业固定资产的累计折旧额。企业对于固定资产发生的损耗，按月计提折旧计入费用。“累计折旧”账户是固定资产的备抵账户，其账户结构与固定资产相反。“固定资产”账户期末借方余额减去“累计折旧”账户期末贷方余额等于固定资产净值。账户结构如下：

借方　　　累计折旧	贷方
固定资产减少时冲销的折旧数	计提的折旧数
	固定资产的累计折旧数

【做中学】

工资核算

1. 5日，通过银行发放工资 50 000 元。

借：应付职工薪酬——工资	50 000	
贷：银行存款		50 000

2. 31日，结转本月应付职工工资 50 000 元，其中：生产女装工人工资 20 000 元，生产童装工人工资 15 000 元，生产车间管理人员工资 5 000 元，企业管理人员工资 10 000 元。

借：生产成本——女装	20 000	
——童装	15 000	
制造费用	5 000	
管理费用	10 000	
贷：应付职工薪酬——工资		50 000

其他费用核算

3. 8日，用现金购入办公用品，其中生产车间 100 元，管理部门 300 元。

借：制造费用　　100

　　管理费用　　300

　　贷：库存现金　　400

4. 12日，采购员于宁出差，预借差旅费 500 元，以现金支付。

借：其他应收款——于宁　　500

　　贷：库存现金　　500

5. 20日，于宁出差回来，报销差旅费 465 元，退回现金 35 元。

借：管理费用　　465

　　库存现金　　35

　　贷：其他应收款——于宁　　500

6. 31日，预提本月短期借款利息 2 100 元。

借：财务费用　　2 100

　　贷：应付利息　　2 100

7. 31日，用银行存款支付本月水电费 25 000 元，其中生产车间 21 000 元，管理部门 4 000 元。

借：制造费用　　21 000

　　管理费用　　4 000

　　贷：银行存款　　25 000

领用材料核算

8. 31日，根据领料凭证汇总表，本月领用材料如下表所示。

领料凭证汇总表　　单位：元

材料种类	领料部门用途				金额合计
	女装	童装	车间耗用	管理部门	
羊毛布料	40 000	5 000			45 000
腈纶布料		18 000			18 000
蚕丝布料			3 000	1 000	4 000
纯棉布料	11 000	3 000			14 000
合计	51 000	26 000	3 000	1 000	81 000

借：生产成本——女装　51 000

——童装　26 000

制造费用　3 000

管理费用　1 000

贷：原材料——羊毛布料　45 000

——腈纶布料　18 000

——蚕丝布料　4 000

——纯棉布料　14 000

计提折旧

9. 31 日，计提本月固定资产折旧 6 500 元，其中生产车间固定资产折旧 4 300 元，企业管理部门固定资产折旧 2 200 元。

借：制造费用　4 300

管理费用　2 200

贷：累计折旧　6 500

月末结转制造费用

10. 12 月 31 日，将本月发生的制造费用 33 400 元分配转入生产成本，其中生产女装的工人工时是 21 000 工时，生产童装的工人工时是 12 400 工时。（制造费用按工时分配）

借方　制造费用	贷方
（2）5 000	
（3）100	
（7）21 000	
（8）3 000	
（9）4 300	
合计 33 400	

制造费用分配率 =33 400 ÷（21 000+12 400）=1（元 / 工时）

女装应负担的制造费用 =21 000 × 1=21 000（元）

童装应负担的制造费用 =12 400 × 1=12 400（元）

借：生产成本——女装　21 000

——童装　12 400

贷：制造费用　33 400

结转完工产品成本

11. 31 日，结转本月完工入库产品的生产成本。其中：女装 500 件全部完工，总成本 92 000 元，童装 400 件全部完工，总成本 53 400 元 。

借方	生产成本——女装	贷方
（2）	20 000	
（8）	51 000	
（10）	21 000	
合计	92 000	

借方	生产成本——童装	贷方
（2）	15 000	
（8）	26 000	
（10）	12 400	
合计	53 400	

借：库存商品——女装 92 000

——童装 53 400

贷：生产成本——女装 92 000

——童装 53 400

二、制造费用的归集和分配

制造费用指企业的生产车间为组织管理生产所发生的各项间接费用，包括车间管理人员的工资及福利费、生产用固定资产折旧费、机物料消耗、水电费、办公费、差旅费、运输费等各项间接费用。车间发生的制造费用，应当在费用发生时先通过“制造费用”账户归集，月末再按照适当的分配标准（如产品的生产工时、生产工人工资比例等）分配计入各种产品成本，从“制造费用”账户转入“生产成本”账户。分配制造费用时，应先计算制造费用分配率，再计算各种产品应负担的制造费用。分配计算公式如下：

制造费用分配率 = 制造费用总额 ÷ 各种产品生产工时（或生产工人工资）之和

某种产品应负担的制造费用 = 该种产品生产工时（或生产工人工资）× 制造费用分配率

三、产品生产成本的计算

成本是按一定对象所归集的费用，是对象化了的费用。也就是说，生产成本是相对于一定的产品而言所发生的费用，是按照产品品种等成本计算对象对当期发生的费用进行归集而形成的。

产品生产成本的计算，就是把生产过程中发生的应计入产品成本的费用，以生产的各种产品作为成本计算对象归集费用，计算产品的总成本和单位成本。

企业在生产经营过程中发生的各项费用，按照是否计入产品成本分为生产费用和期间费用。

（一）生产费用

生产费用是指一定时期内，企业为生产产品而发生、构成产品成本的各项费用。生产费用按照经济用途划分为如下成本项目：

（1）直接材料，是指直接用于产品生产的各种材料燃料等；

（2）直接人工，是指直接参加产品生产的工人工资及福利费；

（3）制造费用。

（二）期间费用

期间费用是指某一期间发生的，与产品生产无直接联系，不计入产品成本，而直接计入当期损益的各项费用，包括销售费用、管理费用和财务费用。

生产成本的计算过程就是按不同的成本计算对象归集分配费用的过程。因此，企业发生的生产费用，凡为生产某种产品而直接发生的，应当在费用发生时直接计入该种产品的成本；凡为生产多种产品共同发生的材料及人工费，应在费用发生时通过分配计入各种产品的成本。

通过直接材料、直接人工和制造费用的归集分配费用，已将应由各个成本计算对象负担的费用归集到了该种产品成本中，在此基础上计算完工产品成本的公式如下：

本月完工产品成本＝月初在产品成本＋本月发生费用－月末在产品成本

如果期末没有在产品或者不计算在产品成本，则本月发生的费用就是本月完工产品成本。如果期末既有在产品又有完工产品，就需要将费用在完工产品和在产品之间分配，求出完工产品成本。

产品单位成本＝完工产品总成本 ÷ 本月完工入库产品数量

实践练习

下列业务涉及哪些账户，怎样做账务处理？

（1）6月1日，生产甲产品领用A材料500千克，单价40元，B材料200千克，单价30元。

（2）6月2日，采购员刘力出差，预借差旅费800元，现金付讫。

（3）6月5日，用银行存款支付报纸杂志订阅费3 000元。

（4）6月5日，从银行提取现金40 000元。

（5）6月5日，用现金发放工资40 000元。

（6）6月12日，采购员刘力出差回来，报销差旅费760元，退回余款40元。

（7）6月15日，生产甲产品领用A材料200千克，单价40元，C材料600千克，单价15元；生产车间领用C材料300千克，单价15元；管理部门领用D材料300千克，单价10元。

（8）6月20日，用银行存款支付生产车间办公费2 000元。

（9）6月30日，用银行存款支付本季度短期借款利息900元。

（10）6月30日，用银行存款支付本月水电费20 000元，其中生产车间应负担12 000元，管理部门应负担8 000元。

（11）6月30日，结算本月应支付职工工资40 000元，其中生产甲产品工人工资25 000元，车间管理人员工资6 000元，企业管理人员工资9 000元。

（12）6月30日，计提本月固定资产折旧4 000元，其中生产车间2 660元，管理部门1 340元。

（13）6月30日，将本月发生的制造费用28 500元，转入生产成本。

（14）6月30日，本月生产的500件甲产品全部完工入库，结转其生产成本100 000元。

活动3　归集、分配生产费用，计算产品成本

想一想

产品生产成本包括哪几项？简述产品成本是怎样计算出来的。

【做中学】

制造费用的归集和分配

1. 12月8日，用现金支付办公用品费540元，其中生产车间240元，管理部门300元。

借：制造费用　　240

　　管理费用　　300

　　贷：库存现金　　540

2. 12月31日，本月领用材料根据领料凭证汇总表，生产女装领用羊毛布料68 000元、纯棉布料20 000元、蚕丝布料30 000元。生产童装领用羊毛布料10 000元、腈纶布料21 000元。生产车间领用纯棉布料5 000元、蚕丝布料3 500元。管理部门领用腈纶布料12 500元、蚕丝布料1 500元。

借：生产成本——女装　　118 000

　　　　　　——童装　　31 000

　　制造费用　　8 500

　　管理费用　　14 000

　　贷：原材料——羊毛布料　　78 000

　　　　　　　——纯棉布料　　25 000

　　　　　　　——腈纶布料　　33 500

　　　　　　　——蚕丝布料　　35 000

3. 12月31日，结算本月应付职工工资50 000元，其中：生产女装的生产工人工资30 000元，生产童装的生产工人工资10 000元，车间管理人员工资4 000元，企业管理人员工资6 000元。

借：生产成本——女装　　30 000

　　　　　　——童装　　10 000

　　制造费用　　4 000

　　管理费用　　6 000

　　贷：应付职工薪酬——工资　　50 000

4. 12月31日，用银行存款支付本月水电费38 000元，其中：生产车间33 000元，管理部门5 000元。

借：制造费用　　33 000

　　管理费用　　5 000

　　贷：银行存款　　38 000

5. 12月31日，计提本月固定资产折旧6 100元，其中生产车间4 100元，管理部门2 000元。

借：制造费用　　4 100

　　管理费用　　2 000

　　贷：累计折旧　　6 100

6. 12 月 31 日分配并结转制造费用。

（1）归集本月制造费用。

借方	制造费用		贷方
（1）	240		
（2）	8 500		
（3）	4 000		
（4）	33 000		
（5）	4 100		
费用合计	49 840		

（2）按生产女装、童装两种产品的生产工人工资比例分配制造费用：

女装生产工人工资为 30 000 元，童装生产工人工资为 10 000 元。

制造费用分配率 =49 840/（30 000+10 000）=1.246

女装应负担的制造费用 =30 000 × 1.246=37 380（元）

童装应负担的制造费用 =10 000 × 1.246=12 460（元）

借：生产成本——女装　　37 380

　　　　　　——童装　　12 460

　贷：制造费用　　49 840

产品生产成本计算与结转

7. 12 月 31 日，计算并结转本月完工入库产品的生产成本，期初女装在产品 40 件，成本 4 620 元，童装 120 件，成本 14 300 元。本月女装 1 000 件全部完工；童装完工入库 500 件，月末在产品 100 件，其在产品成本为 9 300 元。

借方	生产成本——女装		贷方
期初在产品成本	4 620		
（2）	118 000		
（3）	30 000	（8）	190 000
（7）	33 000		
本期发生额	185 380	本期发生额	190 000
期末余额	0		

借方	生产成本——童装		贷方
期初在产品成本	14 300		
（2）	31 000		
（3）	10 000	（8）	58 460
（7）	12 460		
本期发生额	53 460	本期发生额	58 460
期末余额	9 300		

月末：女装全部完工，其生产成本 = 4 620+185 380=190 000（元）

童装一部分完工，一部分尚未完工，其完工产品成本 =14 300+53460−9 300=58 460（元）

借：库存商品——女装　　　　190 000

　　　　　　——童装　　　　58 460

　贷：生产成本——女装　　　　190 000

　　　　　　　——童装　　　　58 460

实践练习

实训一

【目的】练习生产过程的核算。

【资料】环宇工厂 20×× 年 6 月发生下列经济业务：

（1）1 日，生产甲产品领用 A 材料 500 千克，单价 40 元，B 材料 200 千克，单价 30 元。

（2）3 日，采购员刘力出差，预借差旅费 800 元，现金付讫。

（3）4 日，生产车间购买办公用品 300 元，用现金支付。

（4）5 日，用银行存款支付报纸杂志订阅费 3 000 元。

（5）5 日，从银行提取现金 40 000 元。

（6）5 日，用现金发放工资 40 000 元。

（7）9 日，用现金支付管理部门办公用品费 400 元。

（8）12 日，采购员刘力出差回来，报销差旅费 760 元，退回余款 40 元。

（9）15 日，生产甲产品领用 A 材料 200 千克，单价 40 元，领用 C 材料 600 千克，单价 15 元，生产车间领用 C 材料 300 千克，单价 15 元，管理部门领用 D 材料 300 千克，单价 10 元。

（10）20 日，用银行存款支付生产车间修理费 2 000 元。

（11）25 日，厂办公室李平出差，预借差旅费 200 元，用现金支付。

（12）29 日，李平出差回来，报销差旅费 210 元，超支 10 元用现金付讫。

（13）30 日，用银行存款支付本季度短期借款利息 900 元。

（14）30 日，用银行存款支付本月水电费 20 000 元，其中生产车间应负担 12 000 元，管理部门应负担 8 000 元。

（15）30 日，结算本月应付职工工资 40 000 元，其中生产甲产品工人工资 25 000 元，车间管理人员工资 6 000 元，企业管理人员工资 9 000 元。

（16）30 日，计提本月固定资产折旧 4 000 元，其中生产车间 2 660 元，管理部门 1 340 元。

（17）30 日，将本月发生的制造费用，转入生产成本。

（18）30 日，本月 500 件甲产品全部完工入库，甲产品月初在产品成本为 1 000 元。

【要求】根据以上经济业务编制会计分录；开设并登记“制造费用”和“生产成本”T 字型账户。

实训二

【目的】练习生产过程的核算和产品生产成本的计算。

【资料】建华工厂 20×× 年 6 月初“生产成本——甲产品”账户期初余额 30 200 元，其中直接材料 15 000 元，直接人工 7 200 元，制造费用 8 000 元。6 月发生下列经济业务：

（1）1 日，用现金支付办公用品费 650 元，其中生产车间 300 元，管理部门 350 元。

（2）1 日，生产甲产品领用 A 材料 800 千克，单价 50 元，生产乙产品领用 B 材料 300 千克，单价 20 元，管理部门领用 B 材料 50 千克。

（3）2 日，用现金支付管理部门修理费 120 元。

（4）4 日，采购员赵明出差，预借差旅费 600 元，用现金支付。

（5）5 日，从银行提取现金 50 000 元，准备发放工资。

（6）5 日，用现金发放职工工资 50 000 元。

（7）6 日，生产甲产品领用 A 材料 200 千克，单价 50 元，C 材料 300 千克，单价 10 元，生产车间领用 C 材料 100 千克。

（8）10 日，用银行存款支付下半年财产保险费 6 000 元。

（9）15 日，采购员赵明出差回来，报销差旅费 630 元，差额补付现金。

（10）20 日，用银行存款支付咨询费 2 400 元。

（11）25 日，用银行存款支付本月水费 15 000 元，其中生产车间 9 000 元，管理部门 6 000 元。

（12）25 日，生产乙产品领用 B 材料 200 千克，单价 20 元，领用 D 材料 100 千克，单价 40 元，生产车间领用 D 材料 50 千克，管理部门领用 D 材料 30 千克。

（13）26 日，采购员孙岩出差，预借差旅费 400 元，用现金支付。

（14）28 日，用银行存款支付生产车间修理费 1 300 元。

（15）30 日，采购员孙岩出差回来，报销差旅费 380 元，退回余款 20 元。

（16）30 日，用银行存款支付本月电费 30 000 元，其中生产车间 22 000 元，管理部门 8 000 元。

（17）30 日，用银行存款支付本季度短期借款利息 600 元。

（18）30 日，结算本月应付职工工资 50 000 元，其中生产甲产品工人工资 20 000 元，生产乙产品工人工资 15 000 元，车间管理人员工资 6 000 元，企业管理人员工资 9 000 元。

（19）30 日，计提本月固定资产折旧 3 800 元，其中生产车间 2 300 元，管理部门 1 500 元。

（20）30 日，按甲产品和乙产品生产工人工资比例分配并结转本月制造费用。

（21）30 日，本月生产的甲产品 800 件，其中完工入库 500 件，月末在产品 300 件，在产品成本按单位定额成本 132 元计算确定，其中直接材料 85 元，直接人工 23 元，制造费用 24 元，生产的乙产品 400 件全部完工入库，计算并结转完工入库产品的生产成本。

【要求】

1. 根据以上经济业务编制会计分录。

2. 根据会计分录登记“制造费用”（T 字型账户），并按甲、乙产品的生产工人工资比例分配并结转制造费用。

3. 根据会计分录登记“生产成本”（T 字型账户），并编制“库存商品成本汇总计算表”，结转完工产品成本。

【作业纸】

1. 编制会计分录。

2. 根据会计分录登记“制造费用”（T 字型账户），并按甲、乙产品的生产工人工资比例分配并结转制造费用。

借方	制造费用	贷方

制造费用分配率 =

甲产品应负担制造费用 =

乙产品应负担制造费用 =

结转本月应由甲、乙产品负担的制造费用：

3. 登记“生产成本”（T字型账户），并编制“库存商品成本汇总计算表”，结转完工入库产品成本。

借方　　　　生产成本——甲产品　　　　贷方

借方　　　　生产成本——乙产品　　　　贷方

库存商品成本汇总计算表　　　　单位：元

成本项目	甲产品（件）		乙产品（件）	
	总成本	单位成本	总成本	单位成本
直接材料				
直接工人				
制造费用				
产品生产成本				

任务四　销售过程的核算

【任务目标】

知识目标：1. 了解销售过程成本结转的主要内容。

2. 掌握销售过程成本结转的核算方法。

能力目标：1. 会正确运用销售过程所需设置的主要账户。

2. 能熟练地运用借贷记账法进行销售过程的核算。

素养目标：培养学生的会计思维方式和严谨细致的工作作风。

【学习准备】

资料准备：收集销售过程核算所需的各种信息。

学时安排：讲授4学时，专业实践4学时。

【知识结构图】

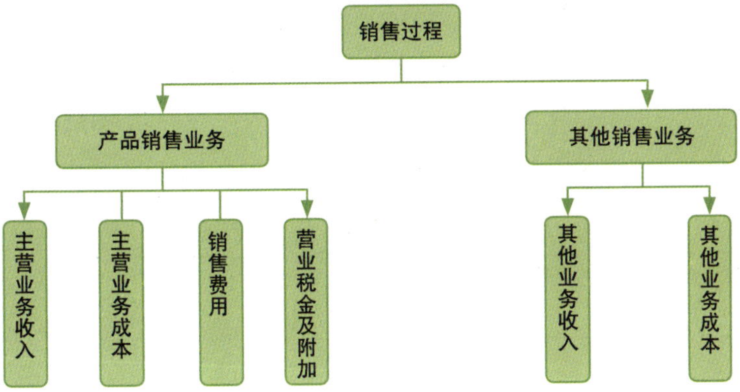

活动 1　描述企业销售过程

想一想

小苹果服装有限公司的销售过程会发生哪些经济业务?

销售过程是工业企业生产经营过程的最后阶段，主要任务是将生产的产品销售出去以满足社会需要，取得销售收入，使企业的生产耗费得到补偿，并实现企业的经营目标。因此，销售过程核算的主要内容是：确认售出产品所实现的销售收入，与购货单位办理价款结算，支付各项销售费用，结转产品的销售成本，计算应向国家交纳的销售税金及附加费，确定其销售的业务成果。另外，企业除产品销售业务外，还会发生一些其他销售业务，如材料销售等，这些销售业务取得的收入和发生的支出，也是销售过程核算的内容。

活动 2　销售过程的核算

想一想

为了进行销售过程的核算，企业应设置哪些账户？所设置的账户分别属于哪类账户？哪些账户一般有明细分类账户？

一、销售过程的核算涉及的主要账户

（一）“主营业务收入”账户

属于损益类账户。用以核算企业确认的销售产品、提供劳务等所取得的主营业务的收入。其贷方登记实现的销售收入；借方登记期末转入“本年利润”账户的收入，期末结转后无余额。该账户应按照商品或劳务种类设置明细分类账。账户结构如下：

借方　　　　　主营业务收入	贷方
期末转入“本年利润”账户的收入	销售商品或提供劳务所实现的销售收入

（二）“主营业务成本”账户

属于损益类账户。用以核算企业确认的销售产品、提供劳务等所取得的主营业务收入时应结转的成本。其借方登记应结转的主营业务成本，贷方登记期末转入“本年利润”账户的主营业务成本，期末结转后无余额。该账户应按照商品或劳务种类设置明细分类账。账户结构如下：

借方　　　　　主营业务成本	贷方
计算应结转的主营业务成本	期末转入“本年利润”账户的主营业务成本

（三）“销售费用”账户

属于损益类账户。用以核算企业产品销售过程中所发生的费用，包括运输费、装卸费、包装费、保险费、展览费和广告费，以及为销售本企业商品而专设的销售机构（含销售网点、售后服务网点等）的职工薪酬、业务费、折旧费等经营费用。其借方登记企业发生的产品销售费用，贷方登记期末转入“本年利润”账户的数额；结转后该账户无余额。该账户应按照费用项目设置明细分类账。账户结构如下：

借方　　　　　销售费用	贷方
企业发生的各项销售费用	期末转入“本年利润”账户的销售费用

（四）“税金及附加”账户

属于损益类账户。用以核算企业按规定应交纳的消费税、城市维护建设税、资源税和教育费附加等。其借方登记企业按照规定计算应由本期负担的税金及附加，贷方登记期末转入“本年利润”账户的数额，结转后该账户无余额。账户结构如下：

借方	税金及附加	贷方
本月企业经营活动发生的税金及附加		期末转入“本年利润”账户的税金及附加

（五）“应收账款”账户

属于资产类账户。用来核算企业因销售产品、材料、提供劳务等业务，应向购货单位或接受劳务单位收取的款项。其借方登记企业发生的应收账款；贷方登记收回的应收账款或已确认为坏账而转销的应收账款；期末借方余额表示应收回的账款。该账户应按不同的购货单位或接受劳务的单位设置明细分类账户。账户结构如下：

借方	应收账款	贷方
应收回的销货款		已收回的销货款
尚未收回的款项		

（六）“其他业务收入”账户

属于损益类账户。用以核算企业除产品销售以外的其他销售或其他业务的收入，如材料销售、技术转让、包装物出租、运输等非工业性劳务收入。其贷方登记企业取得的其他业务收入；借方登记期末转入“本年利润”账户的数额；结转后该账户无余额。该账户应按其他业务的种类设置明细分类账。账户结构如下：

借方	其他业务收入	贷方
期末转入“本年利润”账户的收入		实现的其他业务收入

（七）“其他业务成本”账户

属于损益类账户。用以核算企业除产品销售以外的其他销售或其他业务所发生的支出，包括销售成本、提供劳务而发生的相关成本、费用、税金及附加等。其借方登记发生的其他业务支出；贷方登记期末转入“本年利润”账户的数额；结转后该账户无余额。该账户应按其他业务的种类设置明细分类账。账户结构如下：

借方　　　　　　　　其他业务成本	贷方
发生的其他业务成本	期末转入“本年利润”账户的其他业务成本

（八）应交税费——应交增值税（销项税额）

属于负债类账户。用来核算企业应交纳的增值税。账户结构如下：

借方　　　　　应交税费——	应交增值税　　　　贷方
购进时支付的进项税 实际交纳的增值税	销售时收取的销项税
尚未抵扣的增值税额	尚未上交的增值税额

【做中学】

销售收入的核算

1. 3日，销售给红星工厂女装100件，每件售价300元，计30 000元，增值税销项税额3 900元，款项已收存银行存款户。

借：银行存款　　33 900

　　贷：主营业务收入——女装　　30 000

　　　　应交税费——应交增值税（销项税额）　　3 900

2. 7日，用银行存款支付产品销售广告费3 000元。

借：销售费用　　3 000

　　贷：银行存款　　3 000

3. 9日，销售给立达工厂童装100件，每件售价200元，计20 000元，增值税销项税额2 600元，款项暂未收到。

借：应收账款——立达工厂　　22 600

　　贷：主营业务收入——童装　　20 000

　　　　应交税费——应交增值税（销项税额）　　2 600

4. 20日，收到立达工厂偿还的前欠乙产品货款22 600元，存入银行。

借：银行存款　　22 600

　　贷：应收账款——立达工厂　　22 600

5. 22日，销售给健民商店女装300件，每件售价300元，计90 000元，童装150件，每件售价200元，计30 000元，增值税销项税额15 600元，款项已收存银行。

借：银行存款　　135 600

　　贷：主营业务收入——女装　　90 000

　　　　主营业务收入——童装　　30 000

　　　　应交税费——应交增值税（销项税额）　　15 600

6. 25日，销售给昌盛工厂剩余腈纶布料500米，每米售价40元，计20 000元，增值税销项税额2 600元，款项已收存银行。

借：银行存款　　22 600

　　贷：其他业务收入——腈纶布料　　20 000

　　　　应交税费——应交增值税（销项税额）　　2 600

销售成本的结转

7. 31日，结转本月销售女装400件的生产成本（每件女装的单位成本为190元），销售童装250件的生产成本（每件童装的单位成本为140元）。

女装销售成本 = 400 × 190 = 76 000（元）

童装销售成本 = 250 × 140 = 35 000（元）

根据计算结果编制会计分录如下：

借：主营业务成本——女装　　76 000

　　　　　　　　——童装　　35 000

　　贷：库存商品——女装　　76 000

　　　　　　　　——童装　　35 000

8. 31日，结转本月已销腈纶布料500米的销售成本（腈纶布料单位采购成本20元）。

腈纶布料销售成本 = 500 × 20 = 10 000（元）。

借：其他业务成本　　10 000

　　贷：原材料——腈纶布料　　10 000

计提税金及附加

9. 31 日，本月按照应交增值税的 7% 计算本月应交纳的城市维护建设税 892 元，按照 3% 计算本月应交纳的教育费附加 382 元。

借：税金及附加　　1 274

　　贷：应交税费——应交城市维护建设税　　892

　　　　　　　　——应交教育费附加　　382

观察与思考

下列业务涉及哪些账户？怎样做账务处理？

（1）7 月 3 日，销售给五环工厂甲产品 100 件，单位售价 400 元，增值税销项税额 5 200 元，款项已存入银行。

（2）7 月 5 日，用银行存款支付产品广告费 1 500 元。

（3）7 月 8 日，销售给光明工厂乙产品 200 件，单位售价 300 元，增值税销项税额 7 800 元，款项暂未收到。

（4）7 月 21 日，收到光明工厂前欠的乙产品货款 67 800 元，存入银行。

（5）7 月 31 日，结转本月销售甲产品 900 件的生产成本 72 000 元，乙产品 300 件的生产成本 45 000 元。

（6）7 月 31 日，按本月产品销售应交增值税 22 100 元的 7% 和 3%，计算本月产品销售应交纳的城市维护建设税 1 547 元和教育费附加 663 元。

（7）7 月 31 日，用银行存款上交增值税 22 100 元，城建税 1 547 元和教育费附加 663 元。

实践练习

【目的】练习销售过程的核算。

【资料】红旗工厂 20×× 年 7 月发生下列经济业务：

（1）3 日，销售给五环工厂甲产品 100 件，单位售价 400 元，增值税销项税额 5 200 元，款项已存入银行。

（2）5 日，用银行存款支付产品广告费 1 500 元。

（3）8 日，销售给光明工厂乙产品 200 件，单位售价 300 元，增值税销项税额 7 800 元，款项暂未收到。

（4）10 日，销售给东风工厂 A 材料 500 千克，单位售价 80 元，增值税销项税额 5 200

元，款项已收存银行存款户。

（5）15 日，用银行存款支付产品销售发生的运输费 3 000 元。

（6）20 日，销售给长虹工厂甲产品 300 件，单位售价 400 元，增值税销项税额 15 600 元。乙产品 100 件，单位售价 300 元，销项增值税 3 900 元，款项已存入银行。

（7）21 日，收到光明工厂前欠的乙产品货款 67 800 元，存入银行。

（8）25 日，销售给永胜工厂 B 材料 100 千克，单位售价 50 元，增值税销项税额 650 元，款项暂未收到。

（9）30 日，收到永胜工厂偿还的 B 材料货款 5 650 元，存入银行。

（10）31 日，结转本月销售甲产品 400 件的生产成本 72 000 元，乙产品 300 件的生产成本 45 000 元。

（11）31 日，结转本月销售 A 材料 500 千克的成本 25 000 元，B 材料 100 千克的成本 2 000 元。

（12）31 日，按本月应交增值税 21 450 元的 7% 和 3%，计算本月应交纳的城市维护建设税和教育费附加。

【要求】根据以上经济业务编制会计分录。

任务五　利润形成与分配的核算

【任务目标】

知识目标：1. 了解影响利润形成的业务。

2. 了解利润分配的程序。

3. 掌握损益类账户和本年利润、利润分配账户的结构。

能力目标：1. 会正确运用损益类和本年利润账户。

2. 能熟练地运用借贷记账法进行利润形成和分配的核算。

素养目标：培养学生以利润评价企业经营成果的思维方式和严谨细致的工作作风。

【学习准备】

资料准备：收集利润形成和分配核算所需的各种信息。

学时安排：讲授 4 学时，专业实践 2 学时。

【知识结构图】

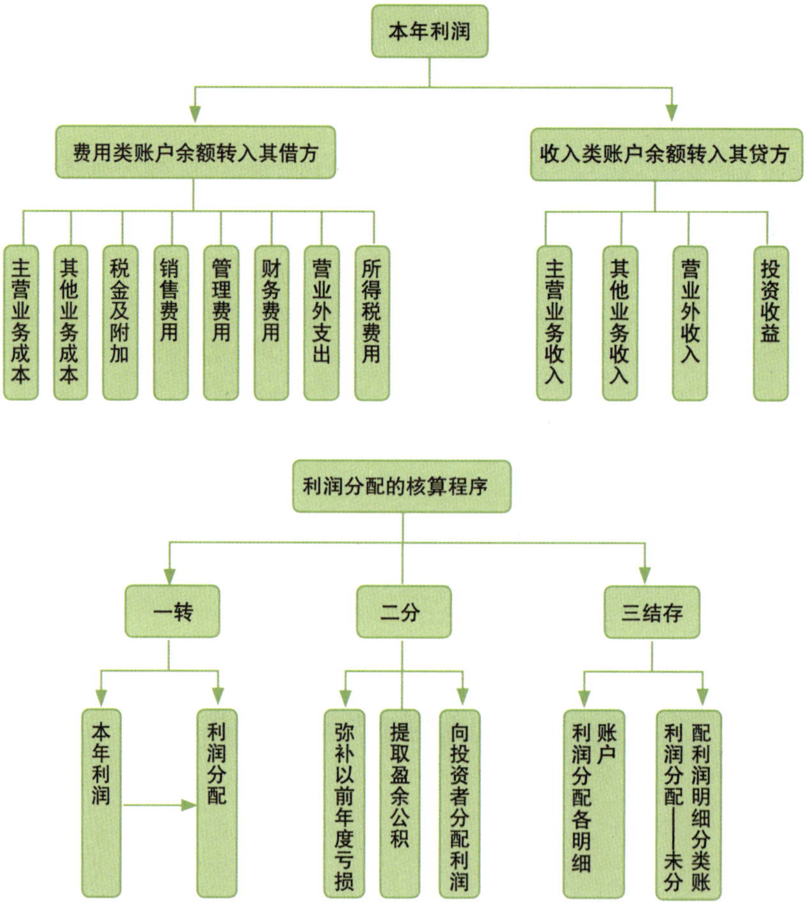

活动1　描述企业的利润形成及分配

做一做

1. 讨论：结转本期收入的会计分录；结转本期费用的会计分录。
2. 请抄写损益类账户，并根据上述损益类账户，试用公式表示利润的形成。
3. 上网搜一搜企业的利润应如何分配。

一、利润的形成

利润是企业在一定时期内形成的经营成果，表现为实现的利润或发生的亏损。分为：营业利润、利润总额和净利润三个部分。

营业利润是企业生产经营过程所实现的利润，是企业利润总额的主要组成部分。

营业利润 = 营业收入 − 营业成本 − 税金及附加 − 销售费用 − 管理费用 − 财务费用

利润总额 = 营业利润 + 营业外收入 − 营业外支出

营业外收支净额是指企业发生的与生产经营活动无直接关系的营业外收入扣除营业外支出后的净额。营业外收入主要包括收到捐赠、罚款收入、违约金收入、处置固定资产净收益等；营业外支出主要包括对外捐赠、支付罚款、赔偿金、违约金、处置固定资产净损失等。

净利润 = 利润总额 − 所得税费用

二、利润的分配

利润分配是企业实现的利润（包括本期实现的利润及以前年度未分配的利润）按国家相关规定和企业董事会决议，对企业相关利益人进行分配的过程。按规定企业的利润应按下列顺序分配：①弥补以前年度亏损；②提取法定公积金；③提取任意公积金；④向投资者分配利润和股利。法定公积金的提取是净利润的 10%；任意公积金是根据公司章程及股东会的决议，从公司盈余中提取的公积金。任意公积金的提取与否及提取比例由股东会根据公司发展的需要和盈余情况决定，法律不做强制规定。

活动 2　利润形成的核算

想一想

为了进行利润形成的核算，上述几个核算过程已设置了哪些账户？还需要设置哪些？

一、利润形成核算涉及的主要账户

利润形成的核算

除了上述核算过程涉及的损益类账户外，还需要设置以下账户。

（一）“本年利润”账户

属于所有者权益类账户。用来核算企业当期实现的净利润（或发生的净亏损）。账户结构如下：

借方	本年利润　　　　贷方
从损益类账户转入的费用数	从损益类账户转入的收入数
发生的亏损； 将全年实现的利润转入“利润分配”账户	实现的利润； 将全年发生的亏损转入“利润分配”账户

（二）“所得税费用”账户

属于损益类中的费用账户。用来核算企业确认的应从当期利润总额中扣除的所得税费用。账户结构如下：

借方	所得税费用　　　　贷方
企业本期应负担的所得税	期末转入“本年利润”账户的所得税费

（三）“投资收益”账户

属于损益类中的收入账户。用来核算企业确认的投资收益或投资损失。账户结构如下：

借方	投资收益　　　　贷方
实际发生的投资损失 期末转入“本年利润”账户的净收益	取得的投资收益

（四）“营业外收入”账户

属于损益类中的收益账户。用来核算企业发生的各项营业外收入。账户结构如下：

借方	营业外收入　　　　贷方
期末转入“本年利润”账户的收入	发生的营业外收入

（五）“营业外支出”账户

属于损益类中的损失账户。用来核算企业发生的各项营业外支出。账户结构如下：

借方	营业外支出 贷方
发生的营业外支出	期末转入“本年利润”账户的支出

【做中学】

营业外收支的核算

1. 20日，企业收到A公司违约罚款利得50 000元转作营业外收入。

借：银行存款　　50 000

　　贷：营业外收入　　50 000

2. 22日，企业用银行存款向地震灾区捐款25 000元。

借：营业外支出　　25 000

　　贷：银行存款　　25 000

投资收益的核算

3. 25日，企业因对外投资收到被投资单位分来的利润15 000元，存入银行。

借：银行存款　　15 000

　　贷：投资收益　　15 000

损益类账户期末结转

4. 31日，将损益类有关收入账户的余额结转“本年利润”账户。

其中：主营业务收入170 000元（女装120 000元，童装50 000元），其他业务收入20 000元，营业外收入50 000元，投资收益15 000元。

借：主营业务收入——女装　　120 000

　　　　　　　　——童装　　50 000

　　其他业务收入　　20 000

　　营业外收入　　50 000

　　投资收益　　15 000

　　贷：本年利润　　255 000

5. 31日，将损益类有关费用账户的余额结转“本年利润”账户。

其中：主营业务成本111 000元（甲产品76 000元，乙产品35 000元），税金及附加1 275元，其他业务支出 10 000 元，销售费用 3 000 元，管理费用 19 365 元，财务费用 2 100 元，营业外支出 25 000 元。

借：本年利润	171 740	
贷：主营业务成本——女装		76 000
——童装		35 000
税金及附加		1 275
其他业务成本		10 000
销售费用		3 000
管理费用		19 365
财务费用		2 100
营业外支出		25 000

所得税的核算

6. 31 日，按本月实现的利润总额 83 260 元（255 000−171 740），所得税税率 25%，计算并结转应交纳的所得税。

应交纳的所得税为：83 260 × 25%=20 815（元）

借：所得税费用	20 815	
贷：应交税费——应交所得税		20 815
借：本年利润	20 815	
贷：所得税费用		20 815

小苹果服装公司实现的净利润如下：

净利润 = 利润总额 − 所得税费用 =83 260−20 815=62 445（元）

活动 3　利润分配的核算

想一想

为进行利润分配的核算，企业应设置哪些账户？所设置的账户分别属于哪类账户？其明细分类账户是什么？

一、利润分配核算涉及的主要账户

（一）“利润分配”账户

属于所有者权益类账户。用来核算企业利润的分配（或亏损的弥补）和历年分配（或弥补）后的余额，下设提取盈余公积、应付股利、未分配利润等明细分类账。账户结构如下：

借方　　　　　　利润分配	贷方
利润的分配数	从“本年利润”账户转入的全年实现的净利润
历年累计未弥补的亏损	历年累计未分配利润

（二）“盈余公积”账户

属于所有者权益类账户。用来核算企业从净利润中提取的盈余公积。账户结构如下：

借方　　　　　　盈余公积	贷方
用盈余公积弥补亏损 转增注册资本数	盈余公积的提取数
	盈余公积的结余数

（三）“应付股利”账户

属于负债类账户。用来核算企业分配的现金股利或利润。向投资者分配利润，应付而未付，形成企业的负债，记入负债类科目的贷方；对利润进行分配，企业的权益减少，记入借方。账户结构如下：

借方　　　　　　应付股利（应付利润）	贷方
已支付的现金股利	企业应向投资者支付的现金股利
	尚未支付的现金股利或利润

【做中学】

分配利润的核算

1. 31 日，按全年净利润的 10% 提取法定盈余公积 6 244.5 元。

借：利润分配——提取法定盈余公积　　　　6 244.50

　　贷：盈余公积　　　　　　　　　　　　　　6 244.50

2. 31日，经研究决定本年向投资者分配利润 20 000 元。

借：利润分配——应付股利　　20 000

　　贷：应付股利　　20 000

年终转账

3. 31日，年末，结转全年累计实现的净利润 62 445 元。

借：本年利润　　62 445

　　贷：利润分配——未分配利润　　62 445

4. 31日，将“利润分配”账户所属的各明细分类账户的借方合计数结转到“利润分配——未分配利润”明细分类账的借方。

当期共提取法定盈余公积 6 244.50 元，向投资者分配利润 20 000 元，年终决算时：

借：利润分配——未分配利润　　26 244.50

　　贷：利润分配——提取法定盈余公积　　6 244.50

　　　　利润分配——应付股利　　20 000.00

观察与思考

1. 根据上述业务试登记“利润分配——未分配利润”明细分类账户，结出余额并说明其含义。

借方	利润分配——未分配利润	贷方

2. 如何进行损益的结转和年终转账，并做账务处理？

（1）本企业本期主营业务收入 300 000 元；其他业务收入 10 000 元；投资收益 5 000 元；营业外收入 1 000 元；主营业务成本 200 000 元；其他业务成本 8 000 元；税金及附加 1 500 元；管理费用 55 000 元；销售费用 6 000 元；财务费用 1 200 元；营业外支出 3 000 元。计算营业利润、利润总额、净利润。（所得税税率为 25%）

（2）年末，本企业实现净利润 68 100 元，结转净利润。

（3）若年末，本企业亏损 8 000 元，结转亏损。

（4）本企业税后利润 68 100 元，按 10% 提取盈余公积。

（5）股东大会达成决议，向股东分配 20 000 元股利。

（6）股东大会达成决议，用 30 000 元盈余公积转增注册资本。

实践练习

【目的】练习利润形成和利润分配的核算。

【资料】万新工厂 20×× 年 12 月发生下列经济业务：

（1）3 日，用银行存款交纳上月应交所得税 63 000 元。

（2）15 日，用银行存款向灾区捐款 50 000 元。

（3）18 日，用银行存款支付违反有关税收规定的税收罚款 10 000 元。

（4）20 日，将确实无法支付的应付账款 20 000 元转作营业外收入。

（5）25 日，收到联营企业分来的投资利润 120 000 元存入银行。

（6）31 日，结转损益类收入账户的余额，其中主营业务收入 350 000 元，其他业务收入 10 000 元，投资收益 150 000 元，营业外收入 20 000 元。

（7）31 日，结转损益类费用账户的余额，其中主营业务成本 210 000 元，销售费用 8 000 元，税金及附加 8 500 元，管理费用 34 500 元，财务费用 2 000 元，其他业务成本 7 000 元，营业外支出 60 000 元。

（8）31 日，按本月实现利润总额的 25% 计算并结转应交所得税。

（9）31 日，年末，结转全年实现的净利润 800 000 元。

（10）31 日，按全年净利润的 10% 提取盈余公积 80 000 元。

（11）31 日，经研究决定向投资者分配利润 500 000 元。

（12）31 日，收到华丰公司分来的投资利润 30 000 元，存入银行存款户。

（13）31 日，用银行存款支付投资者的利润 500 000 元。

（14）31 日，年末结转已分配利润。

【要求】1. 根据以上经济业务编制会计分录。

2. 计算本月实现的营业利润、利润总额、应交所得税、净利润。

项目综合练习题

参考答案

一、单项选择题（下列各题，只有一个符合题意的正确答案，将正确选项填入括号内）

1. 企业收到投资者投入设备 1 台，原价 60 000 元，双方评估确认价 50 000 元（暂不考虑固定资产增值税问题）。则实收资本账户贷方登记的金额为（　　）元。

A. 60 000　　B. 50 000

C. 10 000　　D. 70 000

2. 不属于产品成本项目的费用有（　　）。

A. 直接材料　　B. 直接人工

C. 制造费用　　D. 管理费用

3. 企业购入材料发生的运杂费等采购费用应计入（　　）。

A. 管理费用　　B. 材料物资采购成本

C. 生产成本　　D. 销售费用

4. 期末结转后可能有余额的账户是（　　）。

A. 生产成本　　B. 税金及附加

C. 财务费用　　D. 制造费用

5.（　　）不应计入当期损益。

A. 管理费用　　B. 财务费用

C. 所得税费用　　D. 制造费用

6.（　　）不能计入产品成本。

A. 制造费用　　B. 原材料

C. 工资　　D. 管理费用

7. “主营业务成本”账户的借方余额登记从（　　）账户中结转的本期已售产品的生产成本。

A. 生产成本　　B. 库存商品

C. 销售费用　　D. 在途物资

8. 资本公积是企业（　　）中的主要组成部分。

A. 资产　　B. 负债

C. 所有者权益　　D. 收入

9. 8 月 31 日“本年利润”账户有贷方余额 50 000 元，表示（　　）。

A. 8 月实现利润 50 000 元

B. 8 月 31 日现利润 50 000 元

C. 1 月 1 日至 8 月 31 日共计实现的利润为 50 000 元

D. 1 月 1 日年初未分配利润为 50 000 元

10. 固定资产因损耗而减少的价值，应贷记（　　）账户。

A. 固定资产　　B. 累计折旧

C. 管理费用　　D. 制造费用

11. 企业应交纳的教育费附加应计入（　　）账户贷方。

A. 税金及附加　　B. 应交税费

C. 其他应付款　　D. 银行存款

12. 采购员出差预借差旅费时，应借记（　　）账户。

A. 其他应收款　　B. 管理费用

C. 原材料　　D. 制造费用

13. “所得税费用”账户的贷方登记（　　）。

A. 实际交纳的所得税　　B. 转入“本年利润”账户的所得税

C. 应由本企业负担的税费　　D. 转入“生产成本”账户的税费

14. “生产成本”账户属于（　　）账户。

A. 负债类　　B. 所有者权益类

C. 资产类　　D. 成本类

15. “累计折旧”账户属于（　　）账户。

A. 资产类　　B. 负债类

C. 所有者权益类　　D. 损益类

16. 企业生产完工验收入库的产成品，应于月末确定其实际生产成本，从（　　）账户结转到“库存商品”账户。

A. 主营业务成本　　B. 制造费用

C. 生产成本　　D. 本年利润

17. 年末，应将全年累计实现的净利润（或亏损）转入（　　）账户。

A. 本年利润　　B. 应付股利

C. 利润分配　　D. 盈余公积

18. “固定资产”账户按固定资产的（　　）反映其增减变动和结存情况。

A. 原始价值　　B. 折扣价值

C. 重置价值　　D. 市价

19. 折旧的增加表示固定资产实际价值的（　　）。

A. 损耗　　B. 增加

C. 补偿　　D. 减少

20. “销售费用”账户用来核算企业在销售商品和材料、提供劳务的过程中发生的各种费用。其中不包括（　　）。

A. 广告费　　B. 材料采购费

C. 销售包装费　　D. 销售运输费

二、多项选择题（下列各题，有两个或两个以上符合题意的正确答案，将正确选项填入括号内）

1. 直接记入“管理费用”账户借方的支出有（　　）。

A. 职工报销的差旅费　　B. 管理部门的办公费

C. 广告费　　D. 捐赠支出

2. “盈余公积”账户的借方登记盈余公积金的支用，如（　　）。

A. 支付给投资者利润　　B. 转增资本金

C. 弥补亏损　　D. 留作以后继续分配

3. （　　）属于期间费用。

A. 管理费用　　B. 制造费用

C. 财务费用　　D. 销售费用

4. （　　）应计入产品成本，记入“生产成本”账户。

A. 生产产品领用的材料　　B. 生产工人的工资

C. 管理部门人员工资　　D. 管理部门办公费

5. 应由企业负担，不记入“税金及附加”账户的税费有（　　）。

A. 教育费附加　　B. 增值税

C. 城市维护建设税　　D. 所得税

6. “在途物资”账户，借方登记购入的货款已付但尚未验收入库的在途物资的（　　）。

A. 采购员的差旅费　　B. 买价

C. 采购费用　　D. 在途物资成本

7. 应记入“制造费用”账户的项目有（　　）。

A. 生产车间的固定资产折旧费　　B. 生产车间机器设备的修理费

C. 管理部门的水电费　　D. 生产车间的办公费

8. 企业人工费结算涉及（　　）账户。

A. 生产成本　　B. 制造费用

C. 管理费用　　D. 应付职工薪酬

9. （　　）属于销售费用。

A. 产品包装费　　B. 广告费

C. 进货运杂费　　D. 产品展览费

10. 材料领用的核算可能涉及的账户有（　　）。

A. 原材料　　B. 应付账款

C. 生产成本　　D. 制造费用

三、判断题（在每小题的括号里填入判断结果，你认为正确的用“√”表示，错误的用“×”表示）

（　　）1. “本年利润”账户，在年度中间余额保留在本账户，不予转账。年末结转后应无余额。

（　　）2. 固定资产因耗损而减少的价值应计入“固定资产”账户的贷方。

（　　）3. “制造费用”账户期末在费用结转后一般没有余额。

（　　）4. 企业购入材料，不论是否运达企业和是否验收入库，采购材料的实际支出都要记入“原材料”账户的借方。

（　　）5. 盈余公积是按利润总额的一定比例计算提取的。

（　　）6. 职工报销差旅费应借记“其他应收款”账户。

（　　）7. 收到投资者的投资属于企业的收入。

（　　）8. “制造费用”账户的贷方登记期末转入“本年利润”账户的费用。

（　　）9. 向投资者分配利润，应借记“利润分配”账户。

（　　）10. 产品销售成本 = 产品销售数量 × 单位售价。

（　　）11. “资本公积”账户的贷方余额表示投入资本的结余额。

（　　）12. 生产车间使用固定资产计提的折旧属于间接费用。

（　　）13. 公益救济性捐款属于企业营业外支出。

（　　）14. 管理费用属于期间费用，与产品生产无直接联系，不计入产品成本，可直接计入当期损益。

（　　）15. 如果没有在产品，则本月发生的费用就是本月完工产品成本。

四、实务题（有计算要求的，均须列出计算过程）

1. 根据下列经济业务编制会计分录（凡能明确明细科目的，应在分录中列出）。

（1）企业购入甲、乙两种材料。其中甲材料 200 千克，单价 90 元；乙材料 300 千克，单价 40 元，增值税进项税额 3 900 元。甲、乙两种材料已运达企业但尚未验收入库，款项已用银行存款支付。

（2）企业以银行存款支付上述甲、乙两种材料的运杂费 500 元（运杂费按材料重量比例在甲、乙两种材料之间进行分配）。

（3）上述购入的甲、乙两种材料验收入库。

（4）企业本月共发出甲材料 51 200 元，其中生产 A 产品耗料 30 000 元，生产 B 产品耗料 18 000 元。车间一般耗料 2 000 元，行政管理部门耗料 1 200 元。

（5）企业结算本月应付职工工资 60 500 元，其中生产 A 产品工人工资 27 000 元，生产 B 产品工人工资 18 000 元，车间管理人员工资 4 000 元，行政管理人员工资 11 500 元。

（6）结算本月的电费 8 470 元，其中 A 产品负担 3 780 元，B 产品负担 2 520 元，车间耗用 560 元，行政管理部门耗用 1 610 元。款项尚未支付。

（7）企业用银行存款支付本季度应负担短期借款利息 700 元。

（8）企业计提本月固定资产折旧 5 600 元，其中车间用固定资产折旧 3 900 元，行政管理部门用固定资产折旧 1 700 元。

（9）月末，计算并结转本月发生的制造费用（制造费用按生产工时比例分配）。A 产品生产工时 6 500 小时，B 产品生产工时 3 500 小时。

（10）已知该企业月初在产品成本为 3 400 元，其中 A 产品为 2 100 元，B 产品为 1 300 元，月末在产品成本为 12 950 元，全部为 A 产品的在产品成本，计算并结转完工入库产成品的实际生产成本。

2. 根据下列经济业务编制会计分录（凡能明确明细科目的，应在分录中列出）。

（1）收到投资方甲投入机器一台，价值 100 000 元。

（2）购入的 A 材料现已到达，并验收入库，结转其实际采购成本 60 000 元。

（3）出售给宏达商场 02# 产品 350 件，每件售价 120 元，增值税销项税额 5 460 元，价税款尚未收到。

（4）厂供销科业务员王力出差回来，报销差旅费 730 元。

（5）按照合同规定，投资方乙以 D 材料作为资本投入企业，评估作价 160 000 元，现材料已入库。

（6）收到宏达商场转来的商业汇票一张，用以抵付 17 日购买 02# 产品的全部款项。

（7）月末根据仓库发料单汇总得知，本月生产 01# 产品领用 A 材料 14 400 元，生产 02# 产品领用 B 材料 13 600 元，车间修理设备领用 A 材料 1 500 元。

（8）分配本月应付职工工资 40 000 元。其中：制造 01# 产品生产工人工资 15 000 元；制造 02# 产品生产工人工资 16 000 元；生产车间管理人员工资 5 000 元；厂部行政管理人员工资 4 000 元。

（9）按规定计提折旧。其中生产车间 7 000 元，厂行政管理部门提取 12 000 元。

（10）月末计算结转本月发生的制造费用（发生的制造费用按照生产工时比例分配。01# 产品生产工时为 6 000 工时，02# 产品生产工时为 4 000 工时）。

（11）结转本月完工入库产成品的实际成本。其中 01# 产品完工 1 000 件，02# 产品完工 1 000 件，均已验收入库，没有在产品。

（12）月末计算结转本月已售出的 01# 产品和 02# 产品的生产成本。本月 01# 产品售出 1 000 件，02# 产品售出 1 000 件。

3. 根据下列经济业务编制会计分录（凡能明确明细科目的，应在分录中列出）。

（1）企业购进甲材料一批，价款 80 000 元，增值税进项税额 10 400 元，运杂费 400 元，材料已验收入库，款项用银行存款支付。

（2）企业收到某公司投入机器设备一台，双方协商按账面原始价值 125 000 元入账。

（3）企业以银行存款支付前欠供应单位的购料款 28 900 元。

（4）企业收到立达工厂前欠货款 23 400 元存入银行。

（5）以银行存款购入公用品 1 500 元，其中车间用办公用品 500 元，管理部门用办公用品 1 000 元。

（6）以银行存款支付广告费 15 000 元。

（7）因临时需要，向银行申请 3 个月借款 50 000 元，存入银行存款户。

（8）经批准将资本公积 120 000 元转增注册资本。其中国家资本 70 000 元，法人资本 50 000 元。

（9）采购员刘某出差预借差旅费 800 元，现金付讫。

（10）李某出差回来，报销差旅费 210 元，超支 10 元，用现金付讫。

（11）用银行存款支付生产车间修理费 1 300 元。

（12）销售给光明工厂 B 产品 200 件，单件售价 300 元，增值税销项税额 7 800 元，款项尚未收到。

（13）销售给某工厂甲材料计 3 000 元，增值税销项税额 390 元，款项已收，存入银行。

（14）结转本月已销甲材料的成本 2 000 元。

（15）结转本月已售主营业务成本 44 000 元。

（16）按本月产品应交增值税 22 100 元的 7% 和 3% 计算本月应交纳的城市维护建设税 1 547 元和教育费附加 663 元。

（17）月末，用银行存款交纳城市维护建设税 1 547 元和教育费附加 663 元。

（18）收到华风公司分来的投资利润 30 000 元，存入银行存款户。

（19）用银行存款向地震灾区捐款 50 000 元。

（20）收到罚款收入 1 000 元，存入银行。

（21）月末，结转损益类收入账户的余额，其中主营业务收入 350 000 元（甲产品 200 000 元，乙产品 150 000 元），其他业务收入 10 000 元，投资收益 70 000 元，营业外收入 100 000 元。

（22）月末，结转损益类费用账户余额，其中主营业务成本 210 000 元（甲产品 120 000 元，乙产品 90 000 元），销售费用 8 000 元，税金及附加 8 500 元，管理费用 34 500 元，财务费用 2 000 元，其他业务成本 7 000 元，营业外支出 60 000 元。

（23）本月实现利润总额 200 000 元。计算并结转应交纳的所得税（所得税税率 25%）。

（24）经研究决定向投资者分配利润 500 000 元。

4. 根据下列经济业务编制会计分录（列出必要的明细科目）。

（1）向大华工厂购买甲材料 20 000 元，乙材料 25 000 元，增值税进项税额为 5 850 元，款项尚未支付，材料尚未入库。

（2）用银行存款支付上述甲、乙材料的运费 900 元，按两种材料的买价比例分摊。两种材料均已验收入库，结转其实际成本。

（3）仓库发出材料一批：生产 A 产品耗用甲材料 15 000 元，生产 B 产品耗用乙材料 20 000 元，车间一般性耗用甲材料 5 000 元，厂部耗用乙材料 1 000 元。

（4）结算本月应付工资 58 000 元，其中：A 产品生产工人工资 16 000 元，B 产品生产工人工资 30 000 元，车间管理人员工资 4 000 元，厂部人员工资 8 000 元。

（5）由工会委员会提议，经职工代表大会研究决定，董事会同意，按上述工资总额的 14% 作为职工福利费。

（6）计提本月固定资产折旧 5 000 元，其中车间 2 440 元，厂部 2 560 元。

（7）用银行存款支付车间用固定资产修理费 1 000 元。

（8）计算并结转本月制造费用（按产品生产工时分配，A 产品 5000 工时，B 产品 7000 工时）。

（9）本月 A 产品完工 60 000 元，已验收入库，结转其完工成本。

（10）经审批，上月盘亏的甲材料 100 元，属仓库保管员保管不当造成，责令其赔偿。

（11）本月销售 A 产品 50 000 元，增值税销项税额 6 500 元，款未收。

（12）结转已销 A 产品成本 35 000 元。

（13）用银行存款支付明年财产保险费 2 400 元。

（14）本月实现利润 155 000 元，按 25% 的税率计算所得税，并结转所得税。

（15）按税后利润的 10% 计提法定盈余公积。

（16）企业将实现的净利润转入“利润分配——未分配利润”账户。

（17）将“利润分配”账户下“提取盈余公积”明细分类账户的余额，转入“利润分配——未分配利润”明细分类账户。

项目五　填制会计凭证

会计凭证是记录经济业务、明确经济责任的书面证明，也是登记账簿的依据。会计凭证按其填制程序和用途，分为原始凭证和记账凭证。

填制会计凭证

任务一　认知原始凭证

【任务目标】

知识目标：熟知常见的原始凭证。

能力目标：能找出原始凭证的基本内容。

素养目标：搜索原始凭证资料，分组开展讨论，培养学生团队的合作精神。

【学习准备】

资料准备：收集整理各种原始凭证。

学时安排：讲授 2 学时，小组讨论 2 学时。

活动 1　收集原始凭证

做一做

分组展示收集的各种原始凭证并对照写出这些原始凭证的名称，思考这些原始凭证的作用。

一、原始凭证及分类

原始凭证是指在经济业务发生时取得或填制的、记录经济业务发生或完成情况、明确经济责任并具有法律效力的书面证明。

（一）按取得的来源分类

1. 外来原始凭证

外来原始凭证是指在经济业务发生或完成时，从其他单位或个人处直接取得的原始凭证。

蓝海市服务业发票

发票联

发票代码：24201067171

发票号码：01192501

付款单位（个人）蓝海安达汽车配件有限公司　　开票日期 20××年 12月15日

经营项目	单位	数量	单价	金额 十	万	千	百	十	元	角	分
餐饮、娱乐等						8	0	0	0	0	0
金额大写（人民币合计）：⊗拾 ⊗万 捌仟 零佰 零拾 零元 零角 零 分											

收款单位（盖发票专用章有效）　　开票人：周玲

（印章：蓝海新视听有限公司 发票专用章；福州市……税务局监制）

第二联 发票联

2. 自制原始凭证

自制原始凭证是指由本单位内部经办业务的部门和人员，在执行或完成某项经济业务时填制的原始凭证。

领 料 单

发货仓库：仓库　　第 1 号

领料部门：基本生产车间　　20××年 12月13 日

类别	编号	名称型号	单位	应发数量	实发数量	单位成本	金额
纸箱			个	1 000	1 000	8.50	8 500.00
合计							8 500.00

负责人：　　经发：张亮　　保管：郑凯　　填单：周梦

第三联 财务记账

（二）按填制手续的不同分类

1. 一次凭证

一次凭证是指只反映一项经济业务，或者同时反映若干项同类性质的经济业务，其填制手续是一次填制完成的原始凭证。外来凭证大部分都是一次凭证。

2. 汇总原始凭证

汇总原始凭证是指根据许多同类业务的凭证定期汇总编制的原始凭证。

发 料 凭 证 汇 总 表

20×× 年 11 月 22 日　　　　附单据 6 张

部门		材料名称	领用数量（千克）	单价	金额
加工车间	甲产品	A 材料	1 000	5.00	5 000.00
		B 材料	800	4.50	3 600.00
		小计			8 600.00
	乙产品	A 材料	600	5.00	3 000.00
		B 材料	500	4.50	2 250.00
		小计			5 250.00
销售部门		A 材料	300	5.00	1 500.00
		B 材料	200	4.50	900.00
管理部门		A 材料	100	5.00	500.00
		B 材料	100	4.50	450.00
合　计					17 200.00

3. 累计凭证

累计凭证是指在一定时期内连续多次记载发生的同类经济业务的原始凭证。

限额领料单

领料部门：一车间　　　　凭证编号：008

用途：生产甲产品　　　　20×× 年 4 月　　　　发料仓库：2 号库

材料类别	材料编号	材料名称及规格		计量单位	领用限额	单价	实发		备注
							数量	金额	
钢材	1201	40mm 圆钢		千克	1 000	5.00	950	4 750	
日期	数量		领料人签章	发料人签章	扣除代用数量	退料			限额结余
	请领	实发				数量	收料人	发料人	
5	200	200	张远	刘迁					800
10	300	300	张远	刘迁					500
15	200	200	张远	刘迁					300
20	100	100	张远	刘迁					200
25	150	150	张远	刘迁					3
合计	950	950							

供应部门负责人：张东　　　　生产计划部门负责人：何飞　　　　仓库负责人：龙华

（三）按其格式不同

1. 通用凭证

由有关部门统一印制、在一定范围内使用的具有统一格式和使用方法的原始凭证，如增值税专用发票、支票、商业汇票等。

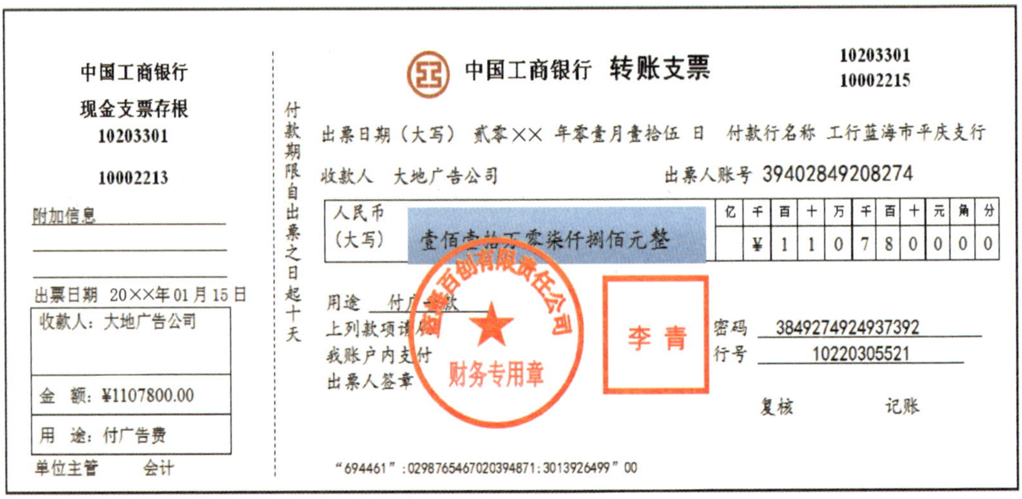
中国工商银行
现金支票存根
10203301
10002213
附加信息
出票日期 20××年01月15日
收款人：大地广告公司
金 额：¥1107800.00
用 途：付广告费
单位主管 会计

付款期限自出票之日起十天

中国工商银行 转账支票 10203301 10002215

出票日期（大写） 贰零×× 年零壹月壹拾伍 日 付款行名称 工行蓝海市平庆支行
收款人 大地广告公司 出票人账号 39402849208274
人民币（大写） 壹佰壹拾万零柒仟捌佰元整

亿	千	百	十	万	千	百	十	元	角	分
	¥	1	1	0	7	8	0	0	0	0

用途 付广告款
上列款项请从
我账户内支付
出票人签章
财务专用章
李 青
密码 3849274924937392
行号 10220305521
复核 记账
“694461”：029876546702039487 1：3013926499”00

2. 专用凭证

由单位自行印制、仅在本单位内部使用的原始凭证，如领料单、差旅费报销单、折旧计算表、借款单、工资费用分配表等。

领　料　单

仓库：材料库　　　　20×× 年 11 月 12 日　　　　领料单编号：L-06

编号	类别	材料名称	规格	单位	数量		计价	
					请领	实发	单价	金额
		B 材料		千克	80	80		
		A 材料		千克	100	100		
用途	销售部门使用				领料部门		发料单位	
					负责人	领料人	核准人	发料人
					程云	李峰	陈正英	朱海

二、原始凭证的基本内容

原始凭证的格式和内容因经济业务和经营管理的不同而有所差异，但原始凭证应当具备以下基本内容（也称为原始凭证要素）：①凭证的名称；②填制凭证的日期；③填制凭证单位名称或者填制人姓名；④经办人员的签名或者签章；⑤接受凭证单位名称；⑥经纪业务内容；⑦数量、单价和金额。

活动 2 填制原始凭证

做一做

20×× 年 8 月 20 日滨海市飞扬机械有限责任公司采购科张宁因为出差需要，去财务借款 5 000 元整，公司领导王青已批，你作为会计请帮助他写一张借款单。

借款单

年 月 日 No.

借款单位		出差人姓名			
借款事由					
借款金额（人民币大写）					
批准人		部门负责人		财务负责人	

收款人：

一、原始凭证的填写规范要求

原始凭证的填写要规范，具体包括：

（1）记录真实。原始凭证所填列的经济业务内容和数字，真实可靠，符合实际情况。

（2）内容完整。原始凭证所要求填列的项目必须逐项填列齐全，不得遗漏和省略。

（3）原始凭证的填制，除需要复写的外，必须用钢笔或碳素笔书写。属于套写的凭证应一次套写清楚，做到不串格、不串行。

（4）小写金额数字：1|2|3|4|5|6|7|8|9|0。

（5）小写金额要用阿拉伯数字逐个书写，不得写连笔字，在金额前面要加“¥”符号，“¥”符号与阿拉伯数字之间不得留有空白，金额数字一律写到角、分。无角、分的，写“00”或符号“-”；有角无分，分位写“0”，不得用符号“-”。

（6）大写金额数字：壹、贰、叁、肆、伍、陆、柒、捌、玖、拾、佰、仟、万、零。

（7）大写金额数字一律用正楷或者行书字书写。大写金额数字前应当书写有“人民币（大写）”字样，与大写金额数字之间不得留有空格，大写金额数字到元或者角为止的，在“元”或“角”字后应加“整”或“正”字断尾；大写金额数字到分的，其后不写

“整”或“正”字。

（8）编号连续。各种凭证都必须连续编号，以备查核。如果原始凭证已预先印好编号，在写坏作废时，应加盖“作废”戳记，妥善保管，不得撕毁。

（9）不得涂改、刮擦、挖补。原始凭证记载的各项内容均不得涂改、刮擦或挖补。原始凭证有错误时，应当由出具单位重开或更正，更正处应加盖出具单位公章。原始凭证金额有错误的，应当由出具单位重开，不得在原始凭证上更正。

二、原始凭证的审核

为了如实反映经济业务的发生和完成情况，充分发挥会计的监督职能，保证会计信息的真实、合法、完整和准确，会计人员必须对原始凭证进行严格审核。审核的内容主要包括：

（1）审核原始凭证的真实性。原始凭证作为会计信息的基本信息源，其真实性对会计信息的质量具有重要影响，其真实性的审核包括凭证日期是否真实、业务内容是否真实、数据是否真实等。对外来原始凭证，必须有填制单位公章和填制人员或签章；对自制原始凭证，必须有经办部门和经办人员的签名或盖章。此外，对通用原始凭证，还应审核凭证本身的真实性，以防作假。

（2）审核原始凭证的合法性。审核原始凭证所记录经济是否违反国家法律法规、是否履行了规定的凭证传递和审核程序、是否有贪污腐化等行为。如假发票不合法，不允许报销的发票也是不合法的，超过规定比例和限额的部分也是不合法的。

（3）审核原始凭证的合理性。审核原始凭证所记录经济业务是否符合企业经济活动的需要、是否符合有关的计划和预算等。

（4）审核原始凭证的完整性。审核原始凭证各项基本要素是否齐全、是否有漏项情况、日期是否完整、数字是否清晰、文字是否工整、有关人员签章是否齐全、凭证联次是否正确等。

（5）审核原始凭证的正确性。审核原始凭证记载的各项内容是否正确，包括：①接受原始凭证单位的名称是否正确。②金额的填写和计算是否正确。阿拉伯数字分位填写，不得连写。小写金额前要标明“￥”字样，中间不能留有空位。大写金额前要加“人民币”字样，大写金额与小写金额要相符。③更正是否正确。原始凭证记载的各项内容均不得涂改。原始凭证金额有错误的，应当由出具单位重开，不得在原始凭证上更正。原始凭证有其他错误的，应当由出具单位重开或更正，更正处应当加盖出具单位印章。

（6）审核原始凭证的及时性。原始凭证的及时性是保证会计信息及时性的基础。原始凭证应在经济业务发生或完成时及时填制并及时传递。审核时应注意审查凭证的填制日期，尤其是支票、银行汇票、银行本票等时效性较强的原始凭证，更应仔细验证其签发日期。

经审核的原始凭证应根据不同情况处理：

（1）对于完全符合要求的原始凭证，应及时据以填制记账凭证入账。

（2）对于真实、合法、合理但内容不够完整，填写有错误的原始凭证，应退回给有关经办人员，由其负责将有关凭证补充完整、更正错误或重开后，再办理正式会计手续。

（3）对于不真实、不合法的原始凭证，会计人员有权不予接受，并向单位负责人报告。

实践练习

【目的】练习原始凭证的填制。

【资料】王明从青岛到北京开会，回来报销差旅费，火车票单程 340 元，出差 4 天，伙食补助每天 100 元，交通补助每天 80 元，住宿 3 天，每天 180 元。（共有原始单据 6 张）

【要求】填制差旅费报销单。

差旅费报销单

单位：　　　　　　　　　　部门：　　　　　　　　　　年　月　日

		日期	起点	止点	车（船）票金额	住宿费金额	伙食补助费		交通费		合计金额
月	日						天数	金额	天数	金额	
报销总额	人民币（大写）								￥______		

附单据　张

单位负责人：　　　　部门负责人：　　　　财务负责人：　　　　经办人：

任务二　认知记账凭证

【任务目标】

知识目标：熟知记账凭证的分类。

能力目标：能找出记账凭证的基本内容，会审核记账凭证。

素养目标：培养学生严谨认真的会计职业道德。

【学习准备】

资料准备：收集各种记账凭证。

学时安排：讲授 2 学时，实践 2 学时。

活动 1　探究记账凭证

想一想

能否根据原始凭证登记账簿呢？

一、记账凭证的含义

记账凭证是会计人员根据审核无误的原始凭证或原始凭证汇总表填制的，是登记账簿的直接依据。

原始凭证是证明经济业务发生和完成情况，种类繁多，数量庞大，所以，需要会计人员通过对原始凭证的归纳、分类，确定出相应的会计分录并填制在记账凭证中，以记账凭证作为登记账簿的直接依据。原始凭证不能作为登记账簿的直接依据。

会计实务中记账的基本步骤则是：原始凭证——记账凭证——账簿——会计报表。

（一）专用记账凭证

收 款 凭 证

借方科目　　　　　　　　年　月　日　　　　　　　　字第　号

摘要	贷方科目		金额										√
	总账科目	明细科目	千	百	十	万	千	百	十	元	角	分	
合　计													

附凭证　　张

会计主管：　　记账：　　复核：　　出纳：　　制单：

付款凭证

贷方科目　　　　　　　　　年　月　日　　　　　　　　　字第　号

摘要	借方科目		金额										√
	总账科目	明细科目	千	百	十	万	千	百	十	元	角	分	
合　计													

附凭证　张

会计主管：　　记账：　　复核：　　出纳：　　制单：

转账凭证

年　月　日　　　　　　　　　字第　号

摘要	总账科目	明细科目	借方金额											贷方金额											√
			亿	千	百	十	万	千	百	十	元	角	分	亿	千	百	十	万	千	百	十	元	角	分	
合　计																									

附凭证　张

会计主管：　　记账：　　复核：　　出纳：　　制单：

（二）通用记账凭证

记账凭证

年　月　日　　　　　　　　　字第　号

摘要	总账科目	明细科目	借方金额											贷方金额											√
			亿	千	百	十	万	千	百	十	元	角	分	亿	千	百	十	万	千	百	十	元	角	分	
合　计																									

附凭证　张

会计主管：　　记账：　　复核：　　出纳：　　制单：

想一想

试想一下收款凭证、付款凭证和转账凭证划分的主要依据是什么。

二、记账凭证的种类

记账凭证按照用途可分为专用记账凭证和通用记账凭证。

专用记账凭证是指分类反映经济业务的记账凭证，按其反映的经济业务内容，可分为收款凭证、付款凭证和转账凭证。目前企业大多都用这种格式。

收款凭证是指用于记录库存现金和银行存款收款业务的记账凭证。收款凭证根据有关库存现金和银行存款收入业务的原始凭证填制，是登记库存现金日记账、银行存款日记账及有关明细分类账和总账等账簿的依据。

付款凭证是指用于记录库存现金和银行存款付款业务的记账凭证。付款凭证根据有关库存现金和银行存款支付业务的原始凭证填制，是登记库存现金日记账、银行存款日记账及有关明细分类账和总账等账簿的依据。当发生库存现金和银行存款相互转换的业务，只填付款凭证。如将现金存入银行，只填库存现金付款凭证。

转账凭证是指用于记录不涉及库存现金和银行存款业务的记账凭证。转账凭证根据有关转账业务的原始凭证填制，是登记有关明细分类账和总账等账簿的依据。

通用记账凭证是指用来反映所有经济业务的记账凭证，为各类经济业务所共同使用，其格式与转账凭证基本相同。

活动 2　填制记账凭证

做一做

观察记账凭证，说一说记账凭证包含的内容。

一、记账凭证的基本内容

记账凭证是登记账簿的依据，因其所反映经济业务的内容不同、各单位规模大小及其对会计核算繁简程度的要求不同，其内容有所差异，但记账凭证应当具备以下基本内容：

（1）记账凭证名称。

（2）记账凭证的填制日期。

（3）填制记账凭证的顺序编号。对记账凭证进行编号，是为了方便查找，同时也可防止散失、抽换。

（4）经济业务的摘要。

（5）经济业务所涉及的金额。

（6）记账凭证所附原始凭证的张数。据以编制记账凭证的原始凭证，须附在记账凭证背面，以便于核查。

（7）有关责任人的签名或者盖章。

收款凭证所反映的经济交易与事项涉及现金或银行存款的增加，所以会计分录中的借方账户比较单一：要么是现金，要么是银行存款。所以，在收款凭证中通常将借方账户独立列示。

付款凭证所反映的经济交易与事项涉及现金或银行存款的减少，所以会计分录中的贷方账户比较单一：要么是现金，要么是银行存款。所以，在付款凭证中通常将贷方账户独立列示。

不涉及现金和银行存款的业务填制转账凭证。

在实际工作中，对于平时业务量不多的单位，一般不使用上述三种记账凭证的形式，而使用格式统一的通用记账凭证。

当根据记账凭证登记入账后，通常在记账凭证上打“√”表示。

【做中学】

例题：20×× 年 8 月 5 日，A 公司收到上月向 B 公司销售甲产品的货款共计 11 700 元（含增值税），存入中国银行，附原始凭证 2 张，是 A 公司 8 月第 20 笔业务。分别例示专用记账凭证和通用记账凭证两种格式。记账凭证的填制如下图所示。

收 款 凭 证

借方科目　银行存款　　　　20×× 年 8 月 5 日　　　　银付字第 20 号

摘要	贷方科目		金额										√
	总账科目	明细科目	千	百	十	万	千	百	十	元	角	分	
	应收账款	B 公司				1	1	7	0	0	0	0	
合　计					¥	1	1	7	0	0	0	0	

附凭证 2 张

会计主管：王红　　记账：李刚　　复核：王红　　出纳：孙丽　　制单：程燕

记 账 凭 证

20×× 年 8 月 5 日　　　　字第 20 号

摘要	总账科目	明细科目	借方金额									贷方金额									√
			百	十	万	千	百	十	元	角	分	百	十	万	千	百	十	元	角	分	
收到货款	银行存款	中国银行			1	1	7	0	0	0	0										
	应收账款	B 公司												1	1	7	0	0	0	0	
合　计				¥	1	1	7	0	0	0	0		¥	1	1	7	0	0	0	0	

附凭证 2 张

会计主管：丁峰　　记账：曹丽　　审核：丁峰　　出纳：李丽　　制单：王梅

二、记账凭证的填制

记账凭证填制的基本要求：

（1）记账凭证各项内容必须完整。

（2）记账凭证的书写应当清楚、规范。

（3）除结账和更正错账可以不附原始凭证外，其他记账凭证必须附原始凭证。

（4）记账凭证可以根据每张原始凭证填制，或根据若干张同类原始凭证汇总填制，也可以根据原始凭证汇总表填制；但不得将不同内容和类别的原始凭证汇总填制在一张记账凭证上。

（5）记账凭证应连续编号。凭证应有主管该项业务的会计人员，按业务发生的顺序并按不同种类的记账凭证采用“字号编号法”连续编号，如银收字 1 号、现收字 2 号、现付字 1 号、银付字 2 号。如果一笔经济业务需要填制两张以上（含两张）记账凭证，可以采用“分数编号法”编号，如转字 $4\frac{1}{3}$ 号、转字 $4\frac{2}{3}$ 号、转字 $4\frac{3}{3}$ 号，为便于监督，反映付款业务的会计凭证不得由出纳人员编号。

（6）填制记账凭证时若发生错误，应当重新填制。已经登记入账的记账凭证在当年内发生填写错误时，可以用红字填写一张与原内容相同的记账凭证，在摘要栏注明“注销某月某日某号凭证”字样，同时再用蓝字重新填制一张正确的记账凭证，注明“订正某月某日某号凭证”字样。如果会计科目没有错误，只是金额错误，也可以将正确数字与错误数字之间的差额另编一张调整的记账凭证，调增金额用蓝字，调减金额用红字。发现以前年度记账凭证有错误的，应当用蓝字填制一张更正的记账凭证。

（7）记账凭证填制完成后，如有空行，应当自金额栏最后一笔金额数字下的空行处至合计数上的空行处划线注销。

活动 3　审核记账凭证

议一议

针对教师展示已经做好的记账凭证，同学们通过小组讨论，找出哪些是合格的、哪些是不合格的，每个小组说说合格的记账凭证要符合哪几点要求。

为了保证会计信息的质量，在记账之前应由有关稽核人员对记账凭证进行严格的审核，审核的内容主要包括：

（1）内容是否真实。审核记账凭证是否有原始凭证为依据，所附原始凭证的内容与记账凭证的内容是否一致，记账凭证汇总表的内容与其所依据的记账凭证的内容一致等。

（2）项目是否齐全。审核记账凭证各项目的填写是否齐全，如日期、凭证编号、摘要、会计科目、金额、所附原始凭证张数及有关人员签章等。

（3）科目是否正确。审核记账凭证的应借、应贷科目是否相等，是否有明确的账户对应关系，所使用的会计科目是否符合企业会计准则等规定。

（4）金额是否真确。审核记账凭证所记录的金额与原始凭证的有关金额是否一致，计算是否正确，记账凭证汇总表的金额与记账凭证的金额合计是否相符等。

（5）书写是否规范。审核记账凭证中的记录文字是否工整、数字是否清晰，是否按规定进行更正等。

（6）手续是否齐全。审核出纳人员在办理收款或付款业务后，是否已在原始凭证上加盖“收讫”或“付讫”的戳记。

任务三　会计凭证的传递与保管

【任务目标】

知识目标：熟知会计凭证传递过程和保管要求。

能力目标：会装订会计凭证。

素养目标：培养学生严谨、细致的工作态度。

【学习准备】

资料准备： 准备凭证和装订工具。

学时安排： 讲授1学时，练习装订1学时。

一、会计凭证的传递

会计凭证的传递是指从会计凭证的取得或填制时起至归档保管过程中，在单位内部有关部门和人员之间的传送程序。会计凭证的传递，应当满足内部控制制度的要求，使传递程序合理有效，同时尽量节约传递时间，减少传递的工作量。各单位应根据具体情况确定每一种会计凭证的传递程序和方法。

会计凭证的传递具体包括传递程序和传递时间。各单位应根据经济业务的特点、内部机构设置、人员分工和管理要求，具体规定各种凭证的传递程序；根据有关部门和经办人员办理业务的情况，确定会计凭证的传递时间。

二、会计凭证的保管

会计凭证的保管是指会计凭证记账后的整理、装订、归档和存查工作。会计凭证作为记账的依据，是重要的会计档案和经济资料。本单位及其他有关单位，可能因为各种需要查阅会计凭证，特别是发生贪污、盗窃、违法乱纪行为时，会计凭证还是依法处理的有效证据。因此，任何单位在完成经济业务手续和记账后，必须将会计凭证按规定的立卷归档制度形成会计档案资料，妥善保管，防止丢失，不得任意销毁，以便日后随时查阅。

会计凭证的保管要求主要有：

（1）会计凭证应定期装订成册，防止散失。会计部门在依据会计凭证记账后，应定期（每天、每旬或每月）对各种会计凭证进行分类整理，将各种记账凭证按照编号顺序，连同所附的原始凭证一起加具封面和封底，装订成册，并在装订线上加贴封签，由装订人员在装订线封签处签名或盖章。

从外单位取得的原始凭证遗失时，应取得原签发单位盖有公章的证明，并注明原始凭证的号码、金额、内容等，由经办单位会计机构负责人（会计主管人员）和单位负责人批准后才能代作原始凭证。若确实无法取得证明的，如车票丢失，则应由当事人写明详细情况，由经办单位会计机构负责人（会计主管人员）和单位负责人批准后，代作原始凭证。

（2）会计凭证封面应注明单位名称、凭证种类、凭证张数、起止号数、年度、月份、会计主管人员和装订人员等有关事项，会计主管人员和保管人员应在封面上签章。

（3）会计凭证应加贴封条，防止抽换凭证。原始凭证不得外借，其他单位如有特殊原因确实需要使用时，经本单位会计机构负责人（会计主管人员）批准，可以复制。向外单位提供的原始凭证复制件，应在专设的登记簿上登记，并由提供人员和收取人员共同签名、盖章。

（4）原始凭证较多时，可单独装订，但应在凭证封面注明所属记账凭证的日期、编号和种类，同时在所属的记账凭证上应注明“附件另订”及原始凭证的名称和编号，一边查阅。对各种重要的原始凭证，如押金收据、提货单等，以及各种需要随时查阅和退回的单据，应另编目录，单独保管，并在有关的记账凭证和原始凭证上分别注明日期和编号。

（5）每年装订成册的会计凭证，在年度终了时可暂由单位会计机构保管 1 年，期满后应当移交本单位档案机构统一保管；未设立档案机构的，应当在会计机构内部指定专人保管。出纳人员不得监管会计档案。

（6）严格遵守会计凭证的保管期限要求，期满前不得任意销毁。

实践练习

【目的】练习记账凭证的填制。

【资料】鲁达股份有限公司 20×× 年 8 月有关经济业务如下：

（1）1 日，从银行提取现金 3 500 元。

（2）2 日，用现金支付厂长李明预借差旅费 3 000 元。

（3）3 日，以现金支付业务招待费 285 元。

（4）4 日，生产甲产品领用 A 材料 800 千克，单价 10 元，计 8 000 元。

（5）5 日，购入 A 材料 3 000 千克，单价 10 元，计 30 000 元。增值税率 13%，材料已验收入库，货款尚未支付。

（6）8 日，厂长李明出差回厂报销差旅费 2 900 元，交回多余现金 100 元。

（7）10 日，用银行存款发放工资 30 000 元。

（8）12 日，向银行借入短期借款 500 000 元，存入银行存款户。

（9）13 日，用银行存款偿还丽达工厂款项 131 000 元。

（10）14 日，出售给光明工厂甲产品 3 000 件，货款 390 000 元。增值税率 13%，尚未收到。

（11）19 日，以银行存款支付本月广告费 25 000 元。

（12）20 日，接受望龙工厂投入全新设备一套，按双方协商价 800 000 元入账。

（13）24 日，收到光明工厂还来前欠货款 440 700 元，存入银行。

（14）28 日，以银行存款归还短期借款 170 000 元。

【要求】根据以上业务编制收款、付款、转账记账凭证。（也可任选三个收款、付款、转账业务填制，其他用会计分录代替，但要注明是收款、付款、转账哪一种凭证）

项目综合练习

参考答案

一、单项选择题（下列各题，只有一个符合题意的正确答案，将正确选项填入括号内）

1. 企业购进原材料 60 000 元，款项未付。该笔经济业务应编制的记账凭证是（　　）。

A. 收款凭证　B. 付款凭证　C. 转账凭证　D. 以上均可

2. 原始凭证有错误的，正确的处理方法是（　　）。

A. 向单位负责人报告　B. 退回，不予接受

C. 由出具单位重开或更正　D. 本单位代为更正

3. 关于会计凭证的保管，下列说法不正确的是（　　）。

A. 会计凭证应定期装订成册，防止散失

B. 会计主管人员和保管人员应在封面上签章

C. 原始凭证不得外借，其他单位如有特殊原因确实需要使用时，经本单位会计机构负责人、会计主管人员批准，可以复印

D. 经单位领导批准，会计凭证在保管期满前可以销毁

4. 付款凭证左上角的“贷方科目”可能登记的科目是（　　）。

A. 预付账款　B. 银行存款　C. 预收账款　D. 其他应付款

5. 下列不属于自制原始凭证的是（　　）。

A. 领料单　B. 成本计算单　C. 入库单　D. 火车票

6. 下列业务中应该编制收款凭证的是（　　）。

A. 购买原材料用银行存款支付　B. 收到销售商品的款项

C. 购买固定资产，款项尚未支付　D. 销售商品，收到商业汇票一张

7. 根据连续反映某一时期内不断重复发生而分次进行的特定业务编制的原始凭证有（　　）。

A. 一次凭证　B. 累计凭证　C. 记账凭证　D. 汇总原始凭证

8. 将库存现金送存银行，应填制的记账凭证是（　　）。

A. 库存现金收款凭证　B. 库存现金付款凭证

C. 银行存款收款凭证　D. 银行存款付款凭证

9. 下列属于累计凭证的是（　　）。

A. 领料单　　B. 限额领料单　　C. 耗用材料汇总表　　D. 工资汇总表

10.（　　）是用来记录货币资金付款业务的凭证，它是由出纳人员根据审核无误的原始凭证填制的。

A. 收款凭证　　B. 付款凭证　　C. 转账凭证　　D. 累计凭证

11. 填制记账凭证时，错误的做法是（　　）。

A. 根据每一张原始凭证填制

B. 根据若干张同类原始凭证汇总填制

C. 将若干张不同内容和类别的原始凭证汇总填制在一张记账凭证上

D. 根据原始凭证汇总表编制

12. 在审核原始凭证时，对于内容不完整、填写有错误或手续不完备的原始凭证，应该（　　）。

A. 拒绝办理，并向本单位负责人报告

B. 予以抵制，对经办人员进行批评

C. 由会计人员重新编制或予以更正

D. 予以退回，要求更正、补充，以致重新编制

13. 下列关于原始凭证的说法不正确的是（　　）。

A. 按照来源的不同，分为外来原始凭证和自制原始凭证

B. 按照格式的不同，分为通用原始凭证和专用原始凭证

C. 按照填制手续及内容不同，分为一次原始凭证、累计原始凭证和汇总原始凭证

D. 按照填制方法不同，分为外来原始凭证和自制原始凭证

14. 原始凭证按（　　）分类，分为一次凭证、累计凭证等类。

A. 用途和填制程序　　B. 形成来源

C. 填制方式　　D. 填制程序及内容

15. 可以不附原始凭证的记账凭证是（　　）。

A. 更正错误的记账凭证　　B. 从银行提取现金的记账凭证

C. 以现金发放工资的记账凭证　　D. 职工临时性借款的记账凭证

16. 在原始凭证上书写阿拉伯数字，错误的做法是（　　）。

A. 金额数字前书写货币币种符号

B. 币种符号与金额数字之间要留有空白

C. 币种符号与金额数字之间不得留有空白

D. 数字前写有币种符号的，数字后不再写货币单位

17. 下列属于通用凭证的是（　　）。

A. 工资结算单　　B. 折旧计算表

C. 增值税专用发票　　D. 差旅费报销单

18. 下列不能作为会计核算的原始凭证的是（　　）。

A. 发货票　　B. 合同书　　C. 入库单　　D. 领料单

19. 不符合原始凭证基本要求的是（　　）。

A. 从个人处取得的原始凭证，必须有填制人员的签名盖章

B. 原始凭证不得涂改、刮擦、挖补

C. 上级批准的经济合同，应作为原始凭证

D. 大写和小写金额必须相等

二、多项选择题（下列各题，有两个或两个以上符合题意的正确答案，将正确选项填入括号内）

1. 原始凭证的基本内容中包括（　　）。

A. 原始凭证名称　　B. 接受原始凭证的单位名称

C. 经济业务的性质　　D. 凭证附件

2. 下列说法正确的是（　　）。

A. 已经登记入账的记账凭证，在当年内发现填写错误时，直接用蓝字重新填写一张正确的记账凭证即可

B. 发现以前年度记账凭证有错误的，可以用红字填写一张与原内容相同的记账凭证，再用蓝字重新填写一张正确的记账凭证

C. 如果会计科目没有错误只是金额错误，也可以将正确数字与错误数字之间的差额，另填制一张调整的记账凭证，调增金额用蓝字，调减金额用红字

D. 发现以前年度记账凭证有错误的，应当用蓝字填制一张更正的记账凭证

3. 其他单位因特殊原因需要使用本单位的原始凭证，正确的做法是（　　）。

A. 可以外借

B. 将外借的会计凭证拆封抽出

C. 不得外借，经本单位会计机构负责人、会计主管人员批准，可以复制

D. 将向外单位提供的凭证复印件在专设的登记簿上登记

4. 在原始凭证上书写阿拉伯数字，正确的是（　　）。

A. 金额数字一律填写到角、分

B. 无角分的，角位和分位可写“00”或者符号“-”

C. 有角无分的，分位应当写“0”

D. 有角无分的，分位也可以用符号“–”代替

5. 下列属于外来原始凭证的有（　　）。

A. 本单位开具的销售发票　　B. 供货单位开具的发票

C. 职工出差取得的飞机票和火车票　　D. 银行收付款通知单

6. 下列说法正确的是（　　）。

A. 记账凭证上的日期指的是经济业务发生的日期

B. 对于涉及“库存现金”和“银行存款”之间的经济业务，一般只编制收款凭证

C. 出纳人员不能直接依据有关收、付款业务的原始凭证办理收、付款业务

D. 出纳人员必须根据经会计主管或其指定人员审核无误的收、付款凭证办理收、付款业务

7. 下列属于一次凭证的有（　　）。

A. 收据　　B. 发货票　　C. 工资结算单　　D. 工资汇总表

8. 关于记账凭证下列说法正确的是（　　）。

A. 收款凭证是指用于记录现金和银行存款收款业务的会计凭证

B. 收款凭证分为现金收款凭证和银行存款收款凭证两种

C. 从银行提取库存现金的业务应该编制现金收款凭证

D. 从银行提取库存现金的业务应该编制银行存款付款凭证

9. 原始凭证的审核内容包括（　　）。

A. 有关数量、单价、金额是否正确无误

B. 是否符合有关的计划和预算

C. 记录的经济业务的发生时间

D. 有无违反财经制度的行为

10. 对原始凭证发生的错误，正确的更正方法是（　　）。

A. 由出具单位重开或更正

B. 由本单位的会计人员代为更正

C. 金额发生错误的，可由出具单位在原始凭证上更正

D. 金额发生错误的，应当由出具单位重开

三、判断题（在每小题的括号里填入判断结果，你认为正确的用“√”表示，错误的用“×”表示）

1. 转账支票只能用于转账，而现金支票不仅可以用于提取现金还可以用于转账。（　　）

2. 所有的记账凭证都必须附有原始凭证，否则，不能作为记账的依据。(　　)

3. 原始凭证原则上不得外借，其他单位如有特殊原因确实需要使用时，经本单位会计机构负责人、会计主管人员批准，可以外借。(　　)

4. 原始凭证是会计核算的原始资料和重要依据，是登记会计账簿的直接依据。(　　)

5. 发现以前年度记账凭证有错误，不必用红字冲销，直接用蓝字填制一张更正的记账凭证。(　　)

6. 记账凭证填制完经济业务事项后，如有空行，应当自金额栏最后一笔金额数字下的空行处至合计数上的空行处划线注销。(　　)

7. 对于真实、合法、合理但内容不够完善、填写有错误的原始凭证，会计机构和会计人员不予以接受。(　　)

8. 自制原始凭证都是一次凭证，外来原始凭证绝大多数是一次凭证。(　　)

9. 原始凭证发生错误，正确的更正方法是由出具单位在原始凭证上更正。(　　)

10. 新旧账有关账户之间转记余额，不必编制记账凭证。(　　)

项目六　登记会计账簿

会计账簿简称账簿，是由一定格式的账页组成，以经过审核的会计凭证为依据，用以全面、系统、连续地记录各项经济业务的簿籍。

记录在凭证上的会计信息是分散的，只有经过加工整理后的信息，才能集中、准确地反映企业发生的经济业务。为了把会计凭证中的会计信息进行归类和系统的管理，就必须设置和登记会计账簿。

任务一　账簿分类及启用

【任务目标】

知识目标：掌握账簿的分类。

能力目标：会启用新账。

素养目标：培养学生应对烦琐问题的能力。

【教学准备】

资料准备：收集整理各种会计账簿。

学时安排：讲授 2 学时，专业实践 2 学时。

活动 1　分清账簿的类别

想一想

账簿如何分类才能完整、全面地反映单位的经济活动情况?

一、按用途分为总分类账、明细分类账、日记账和备查账

（一）总分类账

总分类账简称总账，是按总分类科目开设、用以总括反映各会计要素的情况、提供总括核算资料的账簿。

（二）明细分类账

明细分类账简称明细账，是按明细科目设置、用以详细反映各会计要素的情况、提供明细核算资料的账簿。

（三）日记账

日记账又称序时账，是按经济业务发生和完成时间的先后顺序进行登记的账簿，如设置现金日记账、银行存款日记账等。

（四）备查账

备查账又称辅助账，是对在序时账和分类账中未能反映和记录的事项进行补充登记的账簿，如租入固定资产登记簿等。

二、按外表形式分类分为订本账、活页账和卡片账

（一）订本账

订本账是在启用前进行顺序编号并固定装订成册的账簿。

（二）活页账

活页账是把账页装订在账夹内，可以随时增添或取出账页的账簿。

（三）卡片账

卡片账是由专门格式、分散的卡片作为账页组成的账簿。

三、按账页格式分为三栏式、多栏式、数量金额式账簿

（一）三栏式账簿

三栏式账簿是将账页中登记金额的部分分为三个栏目，即借方、贷方和余额三栏。这种格式适用于只提供价值核算信息，不需要提供数量核算信息的账簿，如总账、现金日记账、银行存款日记账、债权债务类明细分类账等。

总分类账

会计科目　　　　　　　　　　　　　　　　　　　　　　　　　　　　　　第　页

年		凭证号码	对方科目	摘要	借方	贷方	借或贷	余额
月	日							

（二）多栏式账簿

多栏式账簿在借方和贷方的某一方或两方下面分设若干栏目，详细反映借贷方金额的组成情况。这种格式适用于核算项目较多且管理上要求提供各核算项目详细信息的账簿，如成本、费用等明细分类账。

制造费用明细分类账

明细科目　　　　　　　　　　　　　　　　　　　　　　　　　　　　　　第　页

年		凭证号码	摘要	借方					借或贷	余额
月	日			工资和福利费	折旧费	修理费	办公费	水电费		

（三）数量金额式账簿

数量金额式账簿是在借方、贷方和余额栏下分别分设三个栏目，用以登记财产物资的数量、单价和总金额。这种格式适用于既需要提供价值信息又需要提供数量信息的账簿，如材料明细分类账和产成品明细分类账等。

明细分类账

（数量金额式账页）

会计科目　　　　　　　　　　　　　　　　　　　　　　　　　　　　　　第　页

年		凭证号码	摘要	借方			发出			结存		
月	日			数量	单价	金额	数量	单价	金额	数量	单价	金额

会计账簿分类汇总图示如下：

- 会计账簿
  - 按用途分
    - 总分类账
    - 明细分类账
    - 日记账
    - 备查账
  - 按外表形式
    - 订本账
    - 活页账
    - 卡片账
  - 按账页格式
    - 三栏式账簿
    - 多栏式账簿
    - 数量金额式账簿

活动 2　启用新账

做一做

每个学习小组在讨论后填制下面会计账簿的启用表。

<table>
<tr><td colspan="2">使用者名称</td><td colspan="3"></td><td></td><td>印鉴</td></tr>
<tr><td colspan="2">账簿名称</td><td colspan="3"></td><td></td><td rowspan="4"></td></tr>
<tr><td colspan="2">账簿编号</td><td colspan="3"></td><td></td></tr>
<tr><td colspan="2">账簿页数</td><td colspan="3">本账簿共计　　页</td><td></td></tr>
<tr><td colspan="2">启用日期</td><td colspan="3">年　　月　　日</td><td></td></tr>
<tr><td rowspan="2">责任项</td><td></td><td>主管</td><td>会计</td><td>记账</td><td></td><td>审核</td></tr>
<tr><td></td><td></td><td></td><td></td><td></td><td></td></tr>
<tr><td rowspan="8">经管人姓名及交接日期</td><td rowspan="2"></td><td colspan="3">经　管　　年　　月　　日</td><td rowspan="2"></td><td rowspan="2"></td></tr>
<tr><td colspan="3">交　出　　年　　月　　日</td></tr>
<tr><td rowspan="2"></td><td colspan="3">经　管　　年　　月　　日</td><td rowspan="2"></td><td rowspan="2"></td></tr>
<tr><td colspan="3">交　出　　年　　月　　日</td></tr>
<tr><td rowspan="2"></td><td colspan="3">经　管　　年　　月　　日</td><td rowspan="2"></td><td rowspan="2"></td></tr>
<tr><td colspan="3">交　出　　年　　月　　日</td></tr>
<tr><td rowspan="2"></td><td colspan="3">经　管　　年　　月　　日</td><td rowspan="2"></td><td rowspan="2"></td></tr>
<tr><td colspan="3">交　出　　年　　月　　日</td></tr>
<tr><td>备考</td><td colspan="4"></td><td colspan="2"></td></tr>
</table>

启用新账的要求包括以下四个方面：

（1）启用新的会计账簿时，必须填制“账簿启用表”和“经管账簿人员一览表”（有的合称“账簿启用及交接表”）。

（2）详细填明：企业名称、账簿名称、账簿编号、账簿页数（如为活页账应在装订成册后写明页数）和启用日期等。

（3）填明会计主管人员、记账人员姓名、加盖公章，由会计主管人员和记账人员签章。

（4）记账人员更换时，应在主管会计监督下办理交接手续。在表内注明交接日期。移交人和接管人双方都应签章，以明确责任。

任务二　登记账簿

【任务目标】

知识目标：掌握账簿登记要求。

能力目标：能够根据审核无误的记账凭证登记账簿。

素养目标：培养学生勤奋、认真的工作作风。

【教学准备】

资料准备：收集各种会计账簿以备练习。

学时安排：讲授 4 学时，专业实践 6 学时。

活动 1　登记日记账

看一看

现金日记账登记图示：

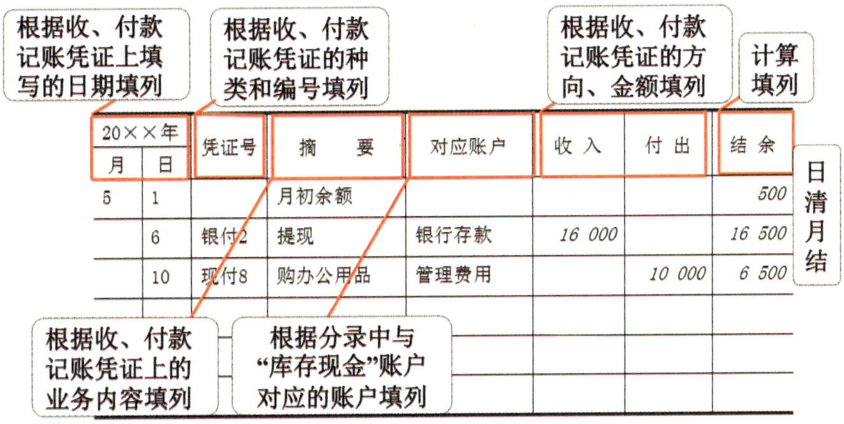

库存现金和银行存款日记账的登记要求：

格式：收、付、余或借、贷、余三栏式。

登记方法：根据收、付款凭证逐日逐笔序时登记。

活动 2　登记总账

看一看

总账登记图示如下：

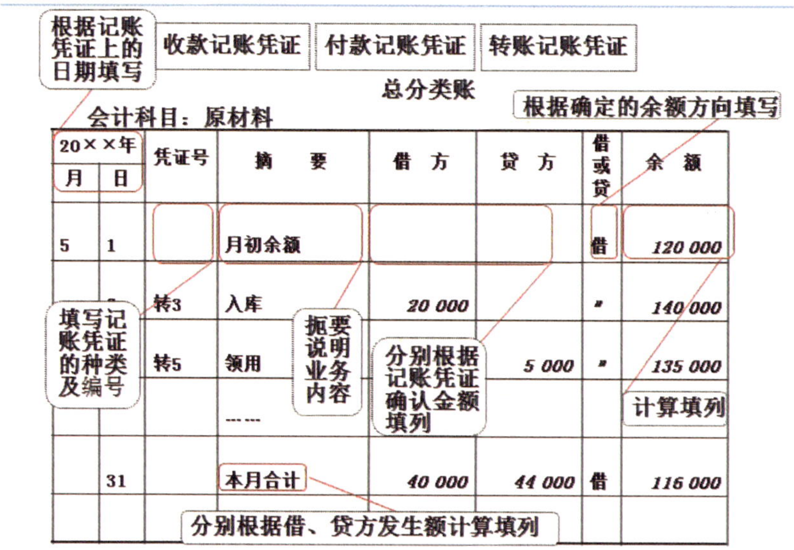

总分类账的登记要求：

格式：借、贷、余三栏式。

登记方法：

（1）逐笔登记。根据记账凭证逐笔登记总账，也叫记账凭证账务处理程序。适合于规模小、业务量不多的单位。

登记会计账簿
——登记总账

记账凭证账务处理程序图示如下：

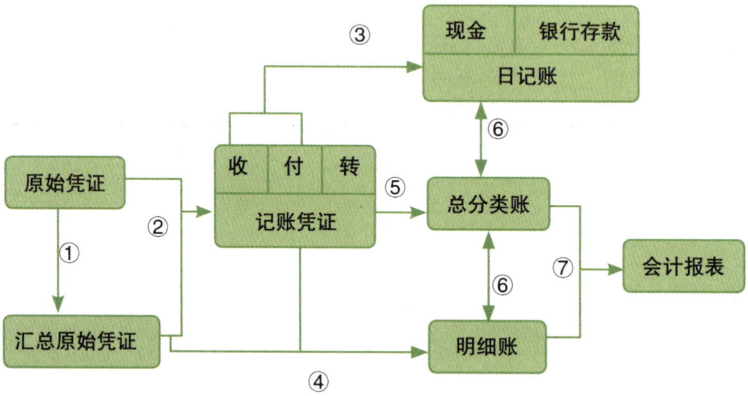

各基本步骤说明：

①根据原始凭证编制汇总原始凭证；

②根据审核无误的原始凭证或者汇总原始凭证，编制记账凭证（包括收款、付款和转账凭证三类）；

③根据收、付款凭证逐日逐笔登记日记账（包括现金、银行存款日记账）；

④根据原始凭证、汇总原始凭证和记账凭证编制有关的明细分类账；

⑤根据记账凭证逐笔登记总分类账；

⑥月末，将日记账的余额及各种明细分类账的余额合计数，分别与总账中有关账户的余额核对相符；

⑦月末，根据经核对无误的总账和有关明细分类账的记录，编制会计报表。

（2）汇总登记。常用的是科目汇总表账务处理程序。先根据记账凭证汇总编制科目汇总表，然后根据科目汇总表登记总账。

科目汇总表如下：

科目汇总表

年　月　　　　单位：元

会计科目	借方发生额	贷方发生额
库存现金		
银行存款		
应收账款		
短期借款		
应付账款		
实收资本		
合计		

账务处理步骤：

第①②③④步同记账凭证账务处理程序。

⑤根据各种记账凭证编制科目汇总表。

⑥根据科目汇总表登记总分类账。

⑦期末，现金日记账、银行存款日记账和明细分类账的余额同有关总分类账的余额核对相符。

⑧期末，根据总分类账和明细分类账的记录，编制会计报表。

活动 3　登记明细分类账

看一看

明细分类账登记图示如下：

明细分类账　各栏目登记方法同总分类账

会计科目：其他应收款——李新　　　　　　　　**单位：元**

20××年 月	日	凭证号	摘要	借方	贷方	借或贷	余额
5	1		月初余额			借	400
	6	转7	报销差旅费		350	〃	50
	6	现收5	李新交回现金		50	平	0
	31		本月合计		400	平	0

只可逐笔登记，不可汇总登记

★账户没有余额时的填写方法

明细分类账

会计科目：原料及主要材料　　　　　　　　计量单位：元/千克
材料名称：G材料　　明细账户详细资料　　最高储备：6 000
材料规格：5*cm*　　　　　　　　　　　　最低储备：5 000

20××年 月	日	凭证号	摘要	借方 数量	借方 单价	借方 金额	贷方 数量	贷方 单价	贷方 金额	借或贷	余额 数量	余额 单价	余额 金额
5	1		月初余额							借	500	2	1 000
							100	2	200	〃	400	2	800
	10	转5	购入	1 000	2	2 000				〃	1400	2	2 800
	12	转7	车间领用				500	2	1 000	〃	900	2	1 800
			（略）										
	31		本月合计	4 000	2	8 000	3 600	2	7 200	借	900	2	1 800

各栏目同总分类账

各栏目内容与总分类账及其他明细账不同

★ 这种账页可不设贷方栏

制造费用明细账
（只按借方发生额设置专栏的多栏式）

20××年		凭证号	摘要	借方					合计
月	日			工资	福利费	折旧费	办公费	…	
3	1		月初余额	3 000	420	2 800	200		6 420
	5	转5	分配工资	5 500					
	5	转6	提取福利费		770				
	15	转7	购办公用品						
	31	转33	提取折旧			3 200			
	31	转34	分配	8 500	1 190	6 000	500		16 190

按明细账户核算的具体内容设置多个专栏

明细分类账主要有三种格式，适用于不同的核算内容。

一、借、贷、余三栏式

格式：同总分类账。

登记方法：逐笔登记。

适用范围：应收、应付等往来款项的核算。

特点：只提供价值指标。

二、数量金额式

格式：在借、贷、余三栏中分设数量、单价和金额等栏。

登记方法：逐笔登记。

适用范围：实物资产的核算。

特点：提供价值、数量两种指标。

三、多栏式

格式：按借方、贷方或双方分别设置专栏。

登记方法：逐笔登记。

适用范围：成本、费用、收入等业务的核算。

特点：只提供货币量信息；减少数用红字登记。

活动 4　登记账簿应注意的问题

议一议

根据上述账簿的登记，学习小组讨论一下账簿登记时应遵循哪些原则。

登记账簿的原则包括以下内容：

（1）根据审核无误的凭证记账，登记内容齐全，要做到数字准确、摘要清楚、登记及时、字迹工整。

（2）登记账簿用笔说明：登账要用蓝黑或黑色墨水书写，不得用圆珠笔或铅笔书写。特殊情况（如冲销、改错、结账划线）时，使用红色墨水书写。

（3）文字和数字的写法：一般应占格式的二分之一，最多不超过格式的三分之二。

（4）账簿的登记顺序：账簿要按页次顺序逐行逐页登记，不得跳行、隔页。如遇上述情况要用红笔对角注销，或者注明“此行空白”或“此页空白”，并盖章。

（5）注明余额方向。

（6）做好记账标记。

（7）每一账页登记完毕结转下页时，应结出本月合计数及余额，写在本页最后一行和下页第一行有关栏内，并在本页的摘要栏内注明“转后页”字样，在下页的摘要栏内注明“承前页”字样。

会计科目：原材料

20××年		凭证		摘要	借方	贷方	借或贷	余额
月	日	种类	号数					
2	6			承前页	200 000	10 000		100 000
	15	转	35	入库	100 000		借	300 000
	17	转	36	出库		50 000		
				过次页	300 000	60 000	借	150 000

每一页登记完毕，应“过次页”

下一页的第一行应登记“承前页”的内容，保证账簿登记的连续性

会计科目：原材料

20××年		凭证		摘要	借方	贷方	借或贷	余额
月	日	种类	号数					
2	17			承前页	300 000	60 000	借	150 000
	18	转	39	入库	100 000			

（8）登记账簿错误的更正：发生登记账簿错误后，按规定的方法进行更正，严禁涂改、刮擦、粘贴挖补、用药水更改字迹或将账页撕毁等。

任务三　更正错账

【任务目标】

知识目标：掌握错账的更正要求。

能力目标：会采用正确的方法更正错账。

素养目标：培养学生细心、严谨的工作作风及较强的工作责任感。

【教学准备】

资料准备：收集错误的账簿记录。

学时安排：讲授 2 学时，专业实践 4 学时。

想一想

你在做账时都发生过什么样的错误？你能想到的更正方法有哪些？

一、划线更正法

划线更正法是指划红线注销原有的错误记录，然后在错误记录的上方写上正确记录的方法。

运用这种方法的前提是：记账凭证编制没有错误，只是由于笔误使账簿记录产生了错误。

先将错误文字或数字用单红线划去，表示注销；再在线的上面用蓝字写上正确的文字或数字，并由记账人员（更正人）及会计机构负责人在更正处盖章，以明确责任。

二、红字更正法

红字更正法又称红字冲账法，是指用红字冲销或冲减原有的错误记录，以更正记账错误的方法。

运用这种方法的前提是：记账所依据的记账凭证编制错误，导致账簿记录错误。

红字更正法适用于以下两种情况：

（1）记账凭证中，会计科目或记账方向有误，导致记账错误；首先用红字填制一张与原记账凭证内容相同的记账凭证，并据以红字登记入账。将原错误记录冲销，然后用蓝字填制一张内容正确的记账凭证，并据以登记入账。

记账凭证的摘要为订正 × 月 × 日 × 字 × 号凭证，不附原始凭证，顺序编号。

账簿摘要栏写更正 × 月 × 日错账。

（2）记账凭证中使用的应借、应贷会计科目正确，只是所记金额大于应记金额，并已登记入账，且记账凭证和账簿记录相吻合。

编制一张与原错误凭证科目相同、金额为多记金额的红字凭证，并据以用红字登记入账，冲销原多记金额。

在原错误凭证摘要栏中标明“已用 × 月 × 日 × 类 × 号凭证冲正”，以防重复更正。

三、补充登记法

补充登记法是指当发现账簿记录所记金额小于应记的金额时，将少记的金额用蓝字或黑字填制一张与原凭证借贷方向相同、会计科目相同的记账凭证，以补充少记金额的一种方法。

运用这种方法的前提是：记账所依据的记账凭证编制错误，导致账簿记录错误。

【做中学】

划线更正法

这是一张更正好的账页。前提必须是据以登记此账页的记账凭证没有错误。

会计科目：管理费用

摘要	借方									贷方							
	百	十	万	千	百	十	元	角	分	十	万	千	百	十	元	角	分
购买办公用品				3 ~~3~~	2 ~~2~~	7 ~~5~~	5 ~~7~~	0 ~~0~~	0 ~~0~~	张清		正确的更正方法					
购买办公用品				~~3~~	7 ~~2~~	5 ~~5~~	~~7~~	~~0~~	~~0~~	张清		不正确的更正方法					

红字更正法

1. 某企业计提管理部门用固定资产折旧费 3 000 元，在编制记账凭证时误记为 8 000 元，并据以登记账簿。

原编记账凭证为：

借：管理费用　　　　8 000

　　贷：累计折旧　　　　8 000

会计用红字编写记账凭证，并据以登记账簿。

借：管理费用　　　　5 000

　　贷：累计折旧　　　　5 000

转　账　凭　证

20××年 3 月 31 日　　　　转字 第 40 张

摘要	总账科目	明细科目	记账	借方金额（千百十万千百十元角分）	记账	贷方金额（千百十万千百十元角分）
冲销 3 月 31 日转字	管理费用		√	500000		
39 号凭证多记余额	累计折旧				√	500000
				¥500000		¥500000

附单据　张

财务主管　　记账 陈方　　出纳　　审核 宋民　　制单 赵六

管理费用　　总账

20××年 月	日	凭证 种类	号数	摘要	对方科目	借方（百十万千百十元角分）	贷方（百十万千百十元角分）	借或贷	余额（百十万千百十元角分）
				（略）					
3	31	转	39	管理部门计提折旧	累计折旧	800000			
3	31	转	40	冲销3月31日账上多记金额	累计折旧	500000			

累计折旧　　总账

20××年 月	日	凭证 种类	号数	摘要	对方科目	借方（百十万千百十元角分）	贷方（百十万千百十元角分）	借或贷	余额（百十万千百十元角分）
				（略）					
3	31	转	39	管理部门计提折旧	管理费用		800000		
3	31	转	40	冲销3月31日账上多记金额	管理费用		500000		

2. 计提生产用固定资产折旧费 8 000 元，所编记账凭证如下，并据以登记入账。

借：管理费用　　8 000

　　贷：累计折旧　　8 000

生产用固定资产折旧应记制造费用科目，误记成管理费用，科目用错。

更正方法为：红字冲销原错误凭证，再做一张正确凭证，均需登记入账。

冲销：（摘要写：注销 × 月 × 日 × 类 × 号凭证）

借：管理费用　　8 000

　　贷：累计折旧　　8 000

更正：（摘要写：更正 × 月 × 日 × 类 × 号凭证）

借：制造费用　　8 000

　　贷：累计折旧　　8 000

补充登记

某企业计提管理部门用固定资产折旧费 8 000 元，在编制记账凭证时误记为 3 000 元，并据以登记账簿。更正方法为：会计用蓝字补充一张记账凭证，并据以登记账簿。

借：管理费用　　5 000

　　贷：累计折旧　　5 000

任务四　对账与结账

【任务目标】

知识目标：掌握对账与结账的要求。

能力目标：能完成对账、结账工作。

素养目标：培养学生认真负责的工作态度。

【教学准备】

资料准备：收集对账、结账所需相关资料。

学时安排：讲授 2 学时，专业实践 4 学时。

活动1　对账

想一想

你认为的对账是核对哪些会计资料？要做到几方面的相符？

登记会计账簿——对账与结账

对账就是核对账目，包括账证核对、账账核对、账实核对、账表核对四个方面的内容。

一、账证核对

账证核对是指将各种账簿记录与有关原始凭证和记账凭证进行核对。

核对的主要内容有：

（1）账簿记录的经济业务的时间；

（2）凭证号数；

（3）内容；

（4）记账方向；

（5）金额。

二、账账核对

将各种账簿之间的有关记录互相进行核对。

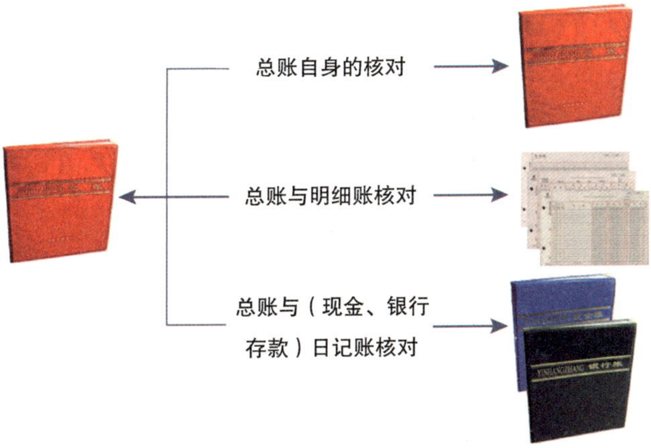

具体核对内容主要有：

（1）总分类账各账户借方期末余额合计数与贷方期末余额合计数核对；

（2）各明细分类账户的余额合计数与其有关总账账户余额核对；

（3）现金日记账和银行存款日记账期末余额与有关总分类账户期末余额核对；

（4）会计部门各种财产物资明细分类账期末余额与财产物资保管和使用部门的有关财产物资明细分类账的期末余额核对。

三、账实核对

账实核对是指将账簿记录和实物资产进行核对。

核对的主要内容有：

（1）现金日记账账面余额与库存现金实存数额核对；

（2）银行存款日记账账面余额与银行实际余额核对；

（3）各种材料物资明细分类账账面余额与各种材料物资实际盘存数额相核对；

（4）各种应收、应付账款明细分类账账面余额与有关债务、债权单位的相关余额相核对。

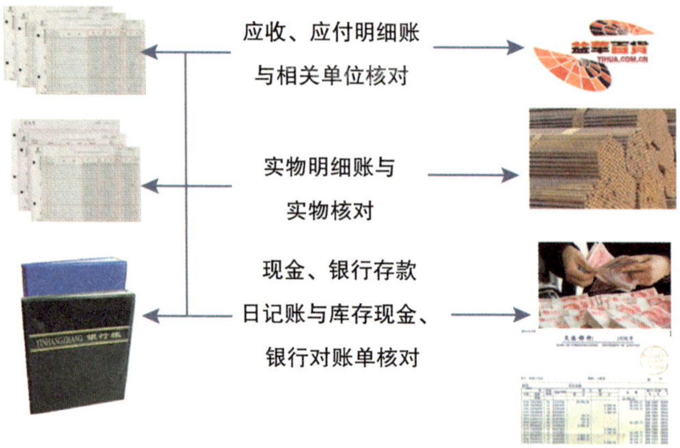

四、账表核对

账表核对是指将账簿记录和会计报表进行核对。

核对的主要内容有：

（1）账簿记录与资产负债表核对；

（2）账簿记录与利润表核对；

（3）账簿记录与现金流量表核对；

（4）账簿记录与企业提供的其他报表核对。

活动 2　结账

议一议

教师展示月末和年末结账的账页。

会计科目：应收账款

20××年		凭证		摘要	借	贷	借或贷	余额
月	日	字	号					
6	1			期初余额			借	60 000
	30		35	售出商品款项未收	10 000		借	70 000
7	2							

会计科目：原材料

20××年		凭证号	摘要	借方	贷方	借或贷	余额
月	日						
1	1		上年结转			借	12 500
	10	转2	购入	10 000		〃	22 500
	12	转10	发出		4 000	〃	18 500
	31	转15	发出		3 000	〃	15 500
1	31		本月合计	10 000	7 000	借	15 500
2	1		上月结转			借	15 500

会计科目：原材料

20××年		凭证号	摘要	借方	贷方	借或贷	余额
月	日						
1	1		上年结转			借	12 500
1	31		本月合计	10 000	7 000	〃	15 500
2	28		本月合计	30 000	28 000	〃	17 500
3	31		本月合计	40 000	54 000	〃	3 500
3	31		本季合计	80 000	89 000	借	3 500

会计科目：主营业务收入

20××年		凭证		摘要	借方	贷方	借或贷	余额
月	日	字	号					
12	1	收	1	销售A商品		30 000		
	9	收	3	销售B商品		20 000		
	30	转	25	结转当月损益	50 000			
	30			本月合计	50 000	50 000	平	σ
				本季合计	200 000	200 000	平	σ
				本年合计	900 000	900 000	平	σ

观察上述账页的结账样式，月结、季结、年结有什么共同点和不同点？与同学们一起交流一下。

结账就是期末结出账户的发生额和余额并结转到下期。结账的步骤：将本期发生的全部经济业务登记入账后，按照权责发生制的要求进行账项调整，编制结转分录，结平收入、费用类账户发生额，计算各账户本期发生额和期末余额并结转下期。

结账的具体方法如下：

（1）月结是每月末时进行的结账。对不需按月结计本期发生额的账户，每次记账以后，都要随时结出余额，每月最后一笔余额即为月末余额。月末结账时，只需要在最后一笔经济业务事项记录之下划通栏单红线，不需要再结计一次余额。

（2）季结是每季末时进行的结账。方法同月结。

（3）年结是年末时进行的结账。总账账户平时只需要结出月末余额。年末，对账簿进行年度结账。结算出本年四个季度的发生额合计数，并在第四季度季结数下一行内摘要注明“本年累计发生额及余额”字样，并在年结下划一道红线将所有总账账户结出全年发生额和年末余额，“本年合计”或“结转下年”划通栏双红线。

如果年度结账后，要将其各账户的余额转入下年，并在摘要栏内注明“结转下年”字样。在下年度新账第一行摘要栏注明“上年结转”字样，金额栏内填写上年结转余额。

实践练习

【目的】练习账簿登记及试算平衡。

【资料】鲁达股份有限公司20××年8月有关总账和明细分类账的期初余额如下：

单位：元

账户名称	期初余额（借方）	账户名称	期初余额（贷方）
现金	2 000	短期借款	450 000

续表

账户名称	期初余额（借方）	账户名称	期初余额（贷方）
银行存款	2 000 000	应付账款	159 000
应收账款	840 000	应交税金	32 500
其他应收款	3 000	累计折旧	100 000
原材料	4 000 000	实收资本	10 000 000
生产成本	1 120 000	盈余公积	260 000
库存商品	400 000	本年利润	180 000
长期股权投资	121 500	利润分配	105 000
固定资产	2 800 000		
合计	11 286 500	合计	11 286 500

【要求】根据上述资料填制鲁达股份有限公司20××年8月的记账凭证：（1）登记现金日记账、银行存款日记账；（2）编制科目汇总表；（3）登记总分类账（用T字型账户代替）。

现金日记账（三栏式）

20××年		凭证字号	摘要	对方科目	收入	支出	余额
月	日						
8	1		月初余额				

银行存款日记账（三栏式）

20××年		凭证字号	摘要	对方科目	收入	支出	余额
月	日						
8	1		月初余额				

科目汇总表

20××年8月　　　　单位：元

会计科目	借方发生额	贷方发生额
合计		

项目综合练习

参考答案

一、单项选择题（下列各题，只有一个符合题意的正确答案，将正确选项填入括号内）

1. 下列情况不可以用红色墨水记账的是（　　）。

   A. 冲账的记账凭证，冲销错误记录

   B. 在不设借贷等栏的多栏式账页中，登记减少数

   C. 在三栏式账户的余额栏前，印明余额方向的，在余额栏内登记负数余额

   D. 在三栏式账户的余额栏前，未印明余额方向的，在余额栏内登记负数余额

2. 能够总括反映企业某一经济业务增减变动的会计账簿是（　　）。

   A. 总分类账　　B. 两栏式账　　C. 备查账　　D. 序时账

3. 对账时，账账核对不包括（　　）。

   A. 总账各账户的余额核对　　B. 总账与明细分类账之间的核对

   C. 总账与备查账之间的核对　　D. 总账与日记账的核对

4. 登记账簿时，正确的做法是（　　）。

   A. 文字或数字的书写必须占满格　　B. 书写可以使用蓝黑墨水、圆珠笔或铅笔

   C. 用红字冲销错误记录　　D. 发生的空行、空页一定要补充书写

5. 下列说法不正确的是（　　）。

   A. 凡需要结出余额的账户，结出余额后，应当在“借或贷”等栏内写明“借”或者“贷”等字样

   B. 没有余额的账户，应当在“借或贷”等栏内写“–”，并在余额栏内用“0”表示

   C. 现金日记账必须逐日结出余额

   D. 银行存款日记账必须逐日结出余额

6. 按照（　　）可以把账簿分为序时账簿、分类账簿和备查账簿。

   A. 账户用途　　B. 账页格式　　C. 外形特征　　D. 账簿的性质

7. 银行存款日记账是根据（　　）逐日逐笔登记的。

   A. 银行存款收、付款凭证　　B. 转账凭证

   C. 库存现金收款凭证　　D. 银行对账单

8. 在我国，总分类账要选用（　　）。

   A. 活页式账簿　　B. 自己认为合适的账簿

   C. 卡片式账簿　　D. 订本式账簿

9. 下列不属于对账的是（　　）。

A. 账簿记录与原始凭证之间的核对

B. 总分类账簿与其所属明细分类账簿之间的核对

C. 现金日记账的期末余额合计与现金总账期末余额的核对

D. 财产物资明细分类账账面余额与财产物资实存数额的核对

10. 下列不可以作为总分类账登记依据的是（　　）。

A. 记账凭证　　B. 科目汇总表

C. 汇总记账凭证　　D. 明细分类账

11. 下列应该使用多栏式账簿的是（　　）。

A. 应收账款明细分类账　　B. 管理费用明细分类账

C. 库存商品　　D. 原材料

12. 下列不采用订本式账簿的是（　　）。

A. 总分类账　　B. 现金日记账

C. 银行存款日记账　　D. 固定资产明细分类账

13. 更正错账时，划线更正法的适用范围是（　　）。

A. 记账凭证上会计科目或记账方向错误，导致账簿记录错误

B. 记账凭证正确，在记账时发生错误，导致账簿记录错误

C. 记账凭证上会计科目或记账方向正确，所记金额大于应记金额，导致账簿记录错误

D. 记账凭证上会计科目或记账方向正确，所记金额小于应记金额，导致账簿记录错误

14. 下列说法不正确的是（　　）。

A. 出纳人员主要负责登记现金日记账和银行存款日记账

B. 现金日记账由出纳人员根据审核无误的现金收、付款凭证，逐日逐笔顺序登记

C. 银行存款日记账应该定期或者不定期与开户银行提供的对账单进行核对，每月至少核对三次

D. 现金日记账和银行存款日记账，应该定期与会计人员登记的现金总账和银行存款总账核对

15. 下列不适于建立备查账的是（　　）。

A. 租入的固定资产　　B. 应收票据

C. 受托加工材料　　D. 购入的固定资产

16. 下列项目中，(　　) 是连接会计凭证和会计报表的中间环节。

A. 复式记账　　B. 设置会计科目和账户

C. 设置和登记账簿　　D. 编制会计分录

17. 下列说法不正确的是 (　　)。

A. 总分类账登记的依据和方法主要取决于所采用的账务处理程序

B. 现金日记账由出纳人员根据审核后的现金的收、付款凭证，逐日逐笔顺序登记

C. 总分类账的账页格式有三栏式和多栏式两种，最常用的格式为三栏式

D. 账簿按格式不同分为三栏式、多栏式和数量金额式

二、多项选择题（下列各题，有两个或两个以上符合题意的正确答案，将正确选项填入括号内）

1. 账证核对指的是核对会计账簿记录与原始凭证、记账凭证的 (　　) 是否一致，记账方向是否相符。

A. 时间　　B. 凭证字号　　C. 内容　　D. 金额

2. 下列原因导致的错账应该采用红字冲账法更正的有 (　　)。

A. 记账凭证没有错误，登记账簿时发生错误

B. 记账凭证的会计科目错误

C. 记账凭证的应借、应贷的会计科目没有错误，所记金额大于应记金额

D. 记账凭证的应借、应贷的会计科目没有错误，所记金额小于应记金额

3. 可采用三栏式明细分类账核算的有 (　　)。

A. 库存商品　　B. 应收账款　　C. 管理费用　　D. 实收资本

4. 出纳人员可以登记和保管的账簿有 (　　)。

A. 现金日记账　　B. 银行存款日记账

C. 现金总账　　D. 银行存款总账

5. 下列属于账实核对的有 (　　)。

A. 现金日记账账面余额与现金实际库存数的核对

B. 银行存款日记账账面余额与银行对账单的余额核对

C. 财产物资明细分类账账面余额与财产物资实存数额的核对

D. 应收、应付款明细分类账账面余额与债务、债权单位核对

6. 下列属于序时账的有 (　　)。

A. 现金日记账　　B. 银行存款日记账

C. 应收账款明细分类账　　D. 主营业务收入明细分类账

7. 下列关于会计账簿的更换和保管正确的有（　　）。

A. 总账、日记账和多数明细分类账每年更换一次

B. 变动较小的明细分类账可以连续使用，不必每年更换

C. 备查账不可以连续使用

D. 会计账簿由本单位财务会计部门保管半年后，交由本单位档案管理部门保管。

8. 下列需要划双红线的有（　　）。

A. 在“本月合计”的下面

B. 在“本年累计”的下面

C. 在 12 月末的“本年累计”的下面

D. 在“本年合计”的下面

9. 下列可以作为现金日记账借方登记的依据的有（　　）。

A. 现金收款凭证　　B. 现金付款凭证

C. 银行存款收款凭证　　D. 银行存款付款凭证

10. 下列可以用三栏式账簿登记的有（　　）。

A. 总账　　B. 现金日记账　　C. 应收账款　　D. 实收资本

11. 现金日记账属于（　　）。

A. 特种日记账　　B. 普通日记账　　C. 订本账　　D. 活页账

12. 下列属于错账更正方法的是（　　）。

A. 红字冲账法　　B. 划线更正法　　C. 红字更正法　　D. 补充登记法

13. 对账工作主要包括（　　）。

A. 账证核对　　B. 账账核对　　C. 账实核对　　D. 账表核对

14. 对于划线更正法，下列说法正确的是（　　）。

A. 划红线注销时必须使原有字迹仍可辨认

B. 对于错误的数字，应当全部划红线更正，不得只更正其中的错误数字

C. 对于文字错误，可只划去错误的部分

D. 对于错误的数字，可以只更正其中的错误数字

15. 必须逐日结出余额的账簿是（　　）。

A. 现金总账　　B. 银行存款总账

C. 现金日记账　　D. 银行存款日记账

16. 按照账页格式的不同，会计账簿分为（　　）。

A. 两栏式账簿　　B. 三栏式账簿

C. 数量金额式账簿　　D. 多栏式账簿

17. 不同类型经济业务的明细分类账可根据管理需要，依据（　　）逐日逐笔登记或定期登记。

A. 记账凭证　　B. 科目汇总表　　C. 原始凭证　　D. 汇总原始凭证

18. 账页包括的内容是（　　）。

A. 账户名称　　B. 记账凭证的种类和号数

C. 摘要栏　　D. 总页次和分户页次

19. 账簿按照外形特征可以分为（　　）。

A. 订本式账簿　　B. 备查账簿　　C. 活页式账簿　　D. 卡片式账簿

20. 下列适合采用多栏式明细分类账格式核算的是（　　）。

A. 原材料　　B. 制造费用　　C. 生产成本　　D. 库存商品

三、判断题（在每小题的括号里填入判断结果，你认为正确的用"√"表示，错误的用"×"表示）

1. 登记账簿要用蓝黑墨水或碳素墨水书写，绝对不得使用圆珠笔或铅笔书写。（　　）

2. 企业的序时账簿和分类账簿必须采用订本式账簿。（　　）

3. 期末对账时，也包括账证核对，即会计账簿记录与原始凭证、记账凭证的时间、凭证字号、内容、金额是否一致，记账方向是否相符。（　　）

4. 登记账簿时，发生的空行、空页一定要补充书写，不得注销。（　　）

5. 年末结算时，应当在全年累计发生额下面划通栏的双红线。（　　）

6. 由于编制的记账凭证会计科目错误，导致账簿记录错误，更正时，可以将错误的会计科目划红线注销，然后，在划线上方填写正确的会计科目。（　　）

7. 所有的明细分类账，年末时都必须更换。（　　）

8. 结账时，没有余额的账户，应当在"借或贷"栏内用"0"表示。（　　）

9. 固定资产明细分类账不必每年更换，可以接连使用。（　　）

10. 任何单位，对账工作应该每年至少进行一次。（　　）

11. 为便于管理，"应收账款""应付账款"的明细分类账必须采用多栏式明细分类账格式。（　　）

四、错账更正

广州丽华公司在账证核对中，发现下列错误。要求按有关错账更正规则进行更正。

（1）从银行提取库存现金 16 000 元，备发工资。

记账凭证为：借：库存现金　　16 000

　　贷：银行存款　　16 000

账簿误记为 1 600 元。

（2）预付红光公司购货款 25 000 元。

记账凭证误为：借：预收账款　　25 000

　　贷：银行存款　　25 000

（3）以银行存款支付公司行政部门用房的租金 2 300 元。

记账凭证误为：借：管理费用　　3 200

　　贷：银行存款　　3 200

（4）开出现金支票一张，支付公司购货运杂费 540 元。

记账凭证为：借：材料采购　　450

　　贷：银行存款　　450

项目七　财产清查

企业会计工作要求做到账实相符，提供真实可靠的会计信息资料。但是，在实际工作中，由于种种原因，账簿记录会发生错误，各项财产的实际结存数也会发生差错，最终导致账存数和实存数发生差异。为保证会计资料的真实可靠，应及时采取一定的方式和方法，查清差错原因。财产清查就是通过对各项财产物资进行实地盘点，查明其实际结存数，并与账簿记录相核对，发现记账中的错误，以保证账实相符的一种会计专门方法。

那么，什么是财产清查？哪些财产要清查？怎样进行财产清查？财产清查有哪些方法？财产清查结果应如何处理？……面对这一连串的问题，还是让我们先从认知财产清查开始吧。

任务一　认知财产清查

【任务目标】

知识目标：了解财产清查的作用、种类及清查结果。

能力目标：能够正确理解财产清查的含义。

素养目标：对财产清查有初步的认知，从而提升自身素质，培养自我约束能力，爱护学校及班级的公共财物。

【学习准备】

资料准备：收集与财产清查有关的各种信息资料。

学时安排：讲授 2 学时，专业实践 2 学时。

【知识结构图】

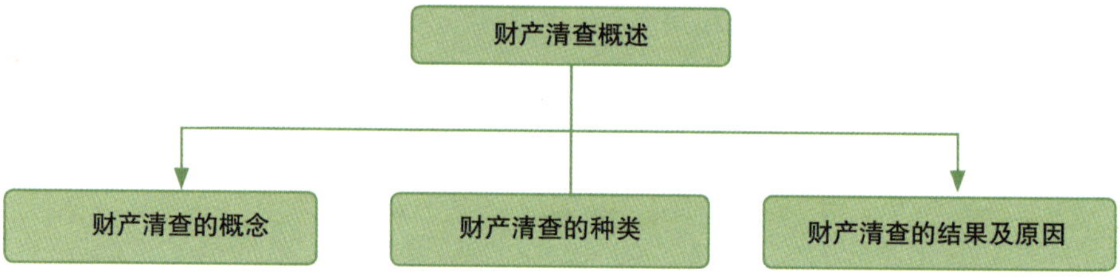

活动1 描述财产清查

想一想

案例一，某企业仓库管理制度不健全，车间物料员领料经常不开单，想拿多少就拿多少，也不用审批，自己开个单就成，用剩的物料自行放回仓库。这种管理上的漏洞，给不法分子提供了可乘之机，有一位仓库保管员早已将库中的价值10多万元的物资私自盗卖，收入落入自己的口袋，而财会账簿上这些物资却依然存在。

案例二，某地区上级人员在检查某粮食企业时，账面库存虽存有100万公斤，但实际库中粮食大部分已被盗卖，收入已经挪用无法收回，为应付上级人员的检查，该企业竟借其他单位的粮食来顶库存。

上述两案例中，企业管理的漏洞在哪儿？如果开展定期或不定期的清查，是否还会出现以上状况？那么，什么是财产清查呢？

财产清查是指通过对货币资金、实物资产和往来款项等财产物资进行盘点或核对，并确定其实存数，查明账存数与实存数是否相符的一种专门方法。

认知财产清查

财产清查示意图如下图所示：

财产清查具体内容如下图所示：

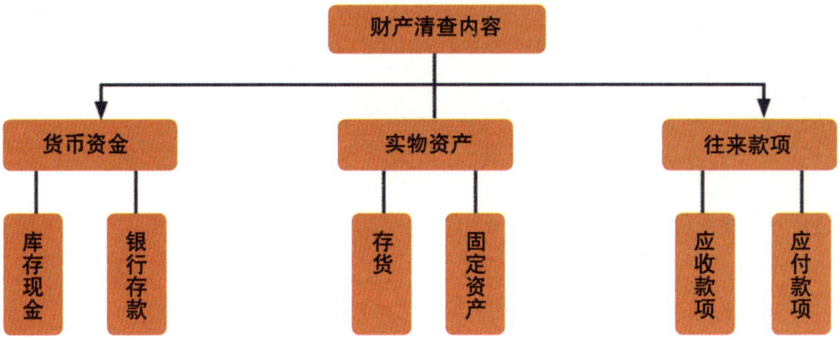

做一做

请同学们对自己班级的财产做一次清查，根据你的亲身体验，描述一下什么是财产清查，一般在什么时候进行班级财产清查，这与企业财产清查有哪些区别与联系。

活动 2　探究财产清查

想一想

1. 为何要进行班级财产清查？作用何在？

2. 如此看来，对一个企业来说，财产清查更是一项极其重要的会计工作，意义非凡。企业财产清查有哪些作用？财产清查是如何分类的？一般在什么时候进行清查？

一、财产清查的作用

为了保证账簿记录的正确，应加强会计凭证的日常审核，定期地核对账簿记录，做到账证相符、账账相符。但是，在实际工作中，由于各种主客观原因造成账实不符。因此，运用财产清查的手段，对各种财产物资进行定期或不定期的核对和盘点，具有十分重要的作用，概括起来有以下几方面：

（1）确保会计资料真实可靠。通过财产清查，可以查明各项财产物资的实存数，再将实存数与账存数进行核对，如果发现不符，确定盘盈或盘亏数，及时调整账簿记录，使得账实相符，以保证账簿记录的真实正确，为经济管理提供可靠的数据资料。

（2）保护财产物资的安全完整。财产清查是一项行之有效的会计监督措施。通过财产清查，发现财产管理上存在的问题，采取措施，不断改进财产物资管理工作，健全财产物资的管理制度，确保财产物资的安全、完整。

（3）促进财产物资的有效使用。通过财产清查，可以查明财产物资的储备和利用情况。对储备不足的，应设法补充，保证生产需要；对积压、呆滞的，应及时处理，避免损失和浪费，以便充分发挥财产物资的潜力，提高其使用效能。

二、财产清查的种类

财产清查种类很多，可以按不同的内容进行分类，如下图所示。

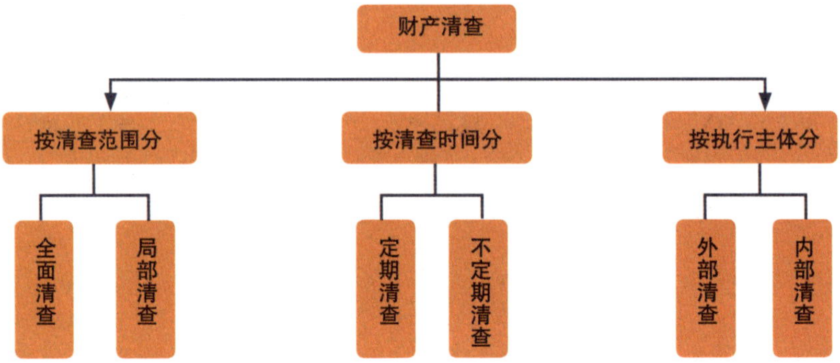

各类财产清查的特征、清查时间及清查对象详见下表：

种类		特征	清查时间	清查对象
按范围分	全面清查	对企业所有财产进行的清查 可以是定期的或不定期的清查 清查范围广，参加部门人员多	年终决算前企业撤销、合并、改变隶属关系和资产重组时 清产核资时（不定期） 单位主要负责人调离工作时	所有财产
	局部清查	仅对企业部分财产进行清查，属于定期清查 清查范围小，内容少，涉及的人员少，但专业性较强	每日一次 每月至少一次 年内轮查	库存现金 银行存款 存货 贵重的财产物资
按时间分	定期清查	根据预先安排好的时间进行清查 可以是全面或局部清查	年末、季末、月末	所有或部分财产
	不定期清查	根据临时需要进行清查 属于局部清查	更换出纳员时 更换财产物资保管员时 发生意外灾害和非常损失时	货币资金保管的财产物资 受损财产物资

活动 3　剖析财产清查

想一想

1. 假如在对自己班级的财产清查中，发现笤帚多了 2 把，凳子少了 1 张，出现这种情况会是什么原因造成的？你们班级又是如何处理的？

2. 假如是对一个企业进行财产清查，你知道会有哪几种结果出现吗？导致这些结果的原因是什么？

一、财产清查结果

财产清查结果不外乎以下三种情况：

（1）账存数 = 实存数；

（2）账存数 > 实存数，表示财产物资发生短缺，即盘亏；

（3）账存数 < 实存数，表示财产物资发生盈余，即盘盈。

对于账存数与实存数相等的情况，说明企业财产清查没有问题，不需做任何账务处理。对于后两种情况，企业必须认真调查研究，分析原因，按规定程序及时处理。

二、导致账实不符的原因

企业出现账实不符，究其原因主要有：

（1）财产物资的自然损耗；

（2）计量器具失灵，检验不准确；

（3）收发手续不健全或制度不严密而发生差错；

（4）因管理不善或责任人失职造成了变质、短缺等损失；

（5）会计人员记账中出现差错；

（6）不法分子营私舞弊，贪污盗窃；

（7）自然灾害等非常损失。

三、财产清查结果的账务处理

（一）账户设置

通过“待处理财产损溢”账户，核算财产清查的盘盈或盘亏。发生的盘盈或盘亏报批前，盘亏记该账户的借方，盘盈记贷方，审批后按照审批意见转销，盘盈记借方，盘亏记贷方，转销后该账户无余额。

（二）账务处理

报批前：盘盈　借：有关资产账户
　　　　　　　　　贷：待处理财产损溢
　　　　盘亏　借：待处理财产损溢
　　　　　　　　　贷：有关资产账户
报批后：盘亏　借：有关费用损失等账户
　　　　　　　　　贷：待处理财产损溢
　　　　盘盈　借：待处理财产损溢
　　　　　　　　　贷：有关费用收入等账户

想一想

某企业采购员王某利用到外地出差的机会，擅自将住宿旅馆的原发票的单价 80 元 / 人、期间 10 天、金额 800 元，涂改为单价 180 元 / 人、期间 10 天、金额 1 800 元。并在大写金额“捌佰元整”前补上“壹仟”，报销后，贪污金额 1 000 元。试问：这种舞弊行为会对企业造成账实不符吗？账实不符会造成什么样的危害？如果清查后发现此问题，应如何处理？

观察与思考

1. 什么是财产清查？为什么要进行财产清查？
2. 财产清查是如何分类的？其基本内容有哪些？

任务二　现金清查

【任务目标】

知识目标：掌握现金的清查方法、步骤及清查结果处理。

能力目标：能够完成现金清查核算工作。

素养目标：培养严谨细致的工作作风，养成理财有道、诚实做人的习惯，树立正确的职业道德观。

【学习准备】

资料准备：收集、了解有关现金清查的相关资料。

学时安排：讲授2学时，专业实践2学时。

【知识结构图】

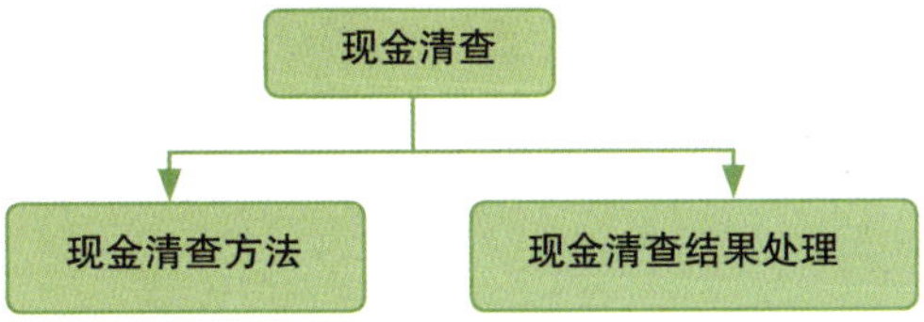

活动1　探究现金清查方法

想一想

当你对自己口袋里的现金进行清点时，你知道这是采用的什么清查方法吗？

一、现金清查的方法

清查方法：采用实地盘点法。即通过实地盘点的方法，确定库存现金的实存数，再与现金日记账的账面余额核对，以查明盈亏情况。

清查人员：由主管会计或财务负责人、出纳成立清查小组。现金的盘点应由包括出纳员在内的两个人及以上进行，不可由出纳员独自进行。

清查方式：为了明确经济责任，出纳员经手对库存现金逐张清点盘点，清查人员在旁监督。

二、现金清查的内容

将库存现金的实存数与现金日记账的余额进行核对，确定账实是否相符。

将库存现金的实存数与库存限额核对，确认有无超过库存限额、有无“白条”抵库、有无贪污挪用、有无坐支等情况。

想一想

在现金清查过程中不能用“白条”抵库，也就是不能用不具有法律效力的借条、收据等抵充库存现金，这是财务制度规定。但在现实财务检查中发现，很多单位库存现金的账面余额大，而实存现金则很少，原因是库存现金中大部分是借条。调查中发现，一个年收入只有 30 多万元的小企业，库存现金账面余额高达 2.82 万元，其现金借条就有 63 张，共 2.7 万元，可见借条抵库情况之严重。问其原因，单位出纳都会说：“老板让‘白条’抵库了，没办法。”

“白条”抵库会带来哪些危害？如果老板让“白条”抵库，怎么办？谈谈你的看法。

观察与思考

什么是“白条”？“白条”是否具有法律效力？

活动 2　库存现金清查结果处理

想一想

1. 假如你数完自己口袋里的钱，发现少了或多了，你会想什么？又会如何做呢？

2. 如果你是企业的一名出纳，下班前清点库存现金时发现现金少了或是多了，又会怎么处理呢？

库存现金清查过程：清点现金→填制库存现金盘点报告表→编制记账凭证→登记账簿。

一、填制库存现金盘点报告表

根据库存现金清点结果（实存数）和企业现金日记账余额（账存数），填制库存现金盘点报告表。库存现金盘点报告表是调账的原始凭证，应由盘点人和出纳员共同签章方能生效。“库存现金盘点报告表”的一般格式如下表所示。

库存现金盘点报告表

年　月　日

实存金额	账存金额	对比结果		备注
		盘盈	盘亏	

盘点人（签章）：　　　　　　　　　　　　出纳员（签章）：

二、编制记账凭证

根据库存现金盘点报告表编制记账凭证，再登记账簿，调整账面记录。

其一，对于库存现金的盘盈，应及时办理库存现金的入账手续，调整库存现金账簿记录，即按盘盈的金额借记“库存现金”账户，贷记“待处理财产损溢”账户；对于盘盈的库存现金，还要及时查明原因，报经批准后，借记“待处理财产损溢”账户，按需要支付或退还他人的金额贷记“其他应付款”账户，按无法查明原因的金额贷记“营业外收入”账户。

【做中学】

某公司在财产清查中，发现库存现金长款 30 元，其原因无法查明，按管理权限报经批准，列作营业外收入。

①库存现金盘盈时：

借：库存现金　　30

　　贷：待处理财产损溢——待处理流动资产损溢　　30

②报经批准后：

借：待处理财产损溢——待处理流动资产损溢　　30

　　贷：营业外收入　　30

其二，对于库存现金的盘亏，应及时办理盘亏的确认手续，调整库存现金账簿记录，即按盘亏的金额借记“待处理财产损溢——待处理流动资产损溢”账户，贷记“库存现金”账户；对于盘亏的库存现金还应及时查明原因，报经批准后，按可收回的保险赔偿和过失人赔偿的金额借记“其他应收款”账户，按管理不善等原因造成净损失的金额借记“管理费用”账户，按自然灾害等原因造成的净损失的金额借记“营业外支出”账户，贷记“待处理财产损溢——待处理流动资产损溢”账户。

【做中学】

某公司在财产清查中，查明库存现金短款 32.50 元，其原因无法查明，按管理权限报经批准，列作管理费用。

（1）库存现金盘亏时：

借：待处理财产损溢——待处理流动资产损溢　　32.50

　　贷：库存现金　　32.50

（2）报经批准后：

借：管理费用　　32.50

　　贷：待处理财产损溢——待处理流动资产损溢　　32.50

想一想

盛泰公司出纳员李敏由于刚参加工作不久，对于货币资金业务管理和核算的相关规定不甚了解，所以犯了一些不该犯的错误，有一件事情让她印象深刻，至今记忆犹新。在 2012 年 6 月 8 日和 10 日两天的现金业务结束后例行的现金清查中，分别发现现金短缺 50 元和现金溢余 20 元的情况，对此她经过反复思考也弄不明白原因。为了保全自己的面子和息事宁人，同时又考虑到两次账实不符的金额很小，她决定采取下列办法进行处理：现金短缺 50 元，自掏腰包补齐；现金溢余 20 元，暂时收起。请问小李这样做对吗？为什么？你能给出正确答案吗？

观察与思考

1. 现金清查方法是什么？
2. 现金清查结果应如何处理？

任务三　银行存款清查

【任务目标】

知识目标：理解未达账项含义，掌握银行存款清查方法。

能力目标：会编制银行存款余额调节表。

素养目标：培养严谨细致的工作作风，增强做好银行存款管理工作的责任感。

【学习准备】

资料准备： 收集银行存款对账单、银行存款余额调节表等表单及与银行存款清查有关的信息资料。

学时安排： 讲授 2 学时，专业实践 2 学时。

【知识结构图】

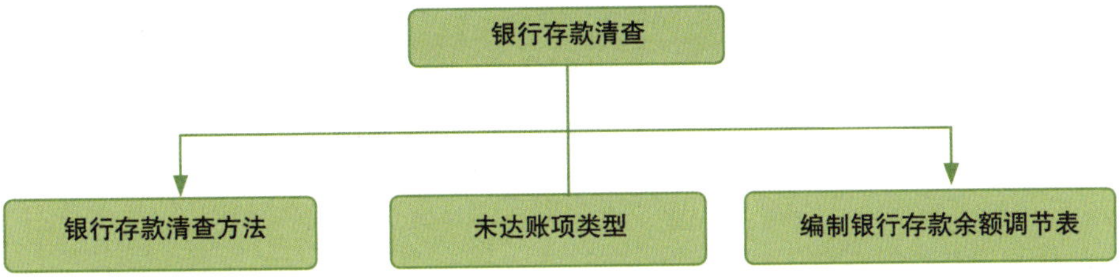

活动 1　认知银行存款对账单

搜一搜

对于企业的银行存款，开户银行是如何记录的？你知道银行存款对账单是做什么用的吗？

银行对账单是银行客观记录企业资金流转情况的记录单，是开户银行和企业之间核对账务的联系单。对账单反映的主体是开户银行和企业，反映的内容是企业的资金，反映的形式是对企业资金流转的记录。

银行存款清查

银行存款对账单的格式如下表所示。

中国工商银行 × × 市分行对账单

账号：× × ×　　单位名称：× × 公司　　第 × 页

日期	交易	凭证号	收入	支出	余额
承上页					300 000
10 月 2 日	取得短期贷款	#7500	200 000		
10 月 3 日	提取现金	#7504		2 000	
10 月 5 日	支付采购款	#7506		3 510	
10 月 10 日	支付采购款	#7507		50 800	
10 月 15 日	支付广告费	#7509		3 000	
10 月 18 日	代收销货款	#7512	32 500		

续表

日期	交易	凭证号	收入	支出	余额
10 月 20 日	存入利息	#7513	2 930		
10 月 20 日	代付电费	#7515		1 000	
10 月 26 日	提取现金	#7517		48 000	
10 月 30 日	支付专利款	#7518		60 800	

观察与思考

银行存款对账单属于会计凭证吗？能作为企业调整银行存款日记账的依据吗？

活动 2　探究银行存款清查方法

想一想

同学们对自己存入银行的钱，是怎样核对的？作为一个企业的银行存款，又是如何与开户银行核对的呢？

企业银行存款的清查采取核对账目法。具体做法是企业出纳人员至少每月终了根据银行提供的对账单同自己的银行存款日记账进行逐笔核对。核对前应把截至清查日所有银行存款的收付业务登记入账。核对时，需要对凭证的种类、编号、摘要、记账方向、金额、记账日期等内容进行逐项核对，凡是对账单与银行存款日记账记录内容相同的可用“√”在对账单和日记账上分别标示，以表明该笔业务核对一致。凡是对账单和银行存款日记账上没有打“√”的，则属于未达账项。

想一想

20×× 年 6 月，山东省某公司到开户行查看自己的账户，发现 500 万元的存款仅仅剩下了 1 000 元。公司报案后，经查该项存款手续都是该银行会计科科长胡某一手操办的。胡某利用高息诱惑拉存款，于是该公司 20×× 年把 500 万元存入该行，并写下了 1 年内不提款的保证书。后胡某找人私刻该公司的行政章、财务章及财务负责人的名章，私提了 499.9 万元的公款。在调查中还发现该行行长孙某也与胡某有关，他们二人还将两笔共计千万元的公款挪为他用。胡某与孙某从 20×× 年开始至 20×× 年被发现共挪用公款 2 000 余万元，为什么事隔这么久才被发现？这说明企业在管理上存在哪些问题？应该如何防范？

活动 3　确认未达账项

想一想

兴盛公司 20×× 年 5 月 31 日银行存款日记账的余额为 140 000 元，而公司出纳员从银行取回的对账单上所记载公司当日存款余额为 135 000 元。详见如下企业银行存款日记账和开户银行对账单的资料。银行与客户记载同类事件，但同一时间记载的结果却不相同。你知道这是为什么吗？什么是未达账项？未达账项是错账吗？

兴盛公司银行存款日记账

20×× 年 5 月　　　　账号：×××××

20×× 年		凭证	摘要	借方	贷方	余额
月	日					
5	1	略	略			110 000
	3			20 000		
	5			52 000		
	11				10 000	
	20				30 000	
	23				2 000	
	31				10 000	140 000

中国工商银行 ×× 支行的对账单

20×× 年 5 月　　　　账号：×××××

20×× 年		凭证	摘要	借方	贷方	余额
月	日					
5	1	略	略			110 000
	3				20 000	
	5				50 000	
	11			10 000		
	20			30 000		
	23			5 000		
	31					135 000

实际工作中，企业的银行存款日记账的余额与对账单的余额往往不一致。这种不一致的原因，一是由于企业与开户银行双方或其中某一方记账有错误；二是存在未达账项。

未达账项是指企业与银行之间，由于凭证传递上的时间差，一方已收到结算凭证已登记入账，而另一方尚未收到结算凭证因而尚未登记入账的款项。

未达账项一般有以下四种类型。

第一，企业已收款记账，银行尚未收款记账。如企业销售产品收到支票，送存银行后即可根据银行盖章退回的“进账单”回单联登记银行存款的增加，而银行则要等款项收妥后才能记增加，如果此时对账，就形成了企业已收款入账、银行尚未收款入账的款项。

第二，企业已付款记账，银行尚未付款记账。如企业开出一张支票支付购料款，企业可根据支票存根、发票及收料单等记银行存款的减少，而这时银行由于未接到支付款项的凭证而尚未记银行存款减少，如果此时对账，就形成了企业已付款入账、银行尚未付款入账的款项。

第三，银行已收款记账，企业尚未收款记账。如外地某单位给企业汇来货款，银行收到汇款单后，登记企业银行存款增加，企业由于未收到汇款凭证尚未记银行存款增加，如果此时对账就形成了银行已收款入账、企业尚未收款入账的款项。

第四，银行已付款记账，企业尚未付款记账。如银行代企业支付款项，银行已取得支付款项的凭证记银行存款的减少，企业由于未接到凭证尚未记银行存款减少，如果此时对账，就形成了银行已付款入账、企业尚未付款入账的款项。

上述任何一种未达账项存在，都会使企业银行存款日记账账面余额与银行对账单余额不符。出现上述第一、第四两种情况会使企业银行存款日记账账面余额大于银行对账单余额；出现上述第二、第三两种情况则会使企业银行存款日记账账面余额小于银行对账单余额。

想一想

盛泰公司经常对其银行存款的实有额心中无数，甚至有时会影响到公司日常业务的结算，公司经理因此指派有关人员检查一下出纳员李敏的工作，结果发现，她每次编制银行存款余额调节表时，只根据公司银行存款日记账的余额加或减对账单中企业的未入账款项来确定公司银行存款的实有数。而且每次做完此项工作后，小李就立即将这些未入账的款项登记入账。小李这样处理业务是否正确？为什么？谈谈你的看法。

观察与思考

为什么会产生未达账项？未达账项是错账吗？

活动 4 编制银行存款余额调节表

想一想

如果企业银行存款日记账余额与银行对账单余额不一致，是否需要进行调账？对于未达账项如何处理？

在与银行对账时，应首先查明有无未达账项，如果有未达账项就应编制银行存款余额调节表。银行存款余额调节表是为了核对企业与其开户银行双方记录的企业银行存款账面余额而编制、列示双方未达账项的一种表格。通过对企业和开户银行双方的银行存款账面余额进行调整，以消除未达账项的存在对企业银行存款日记账账面余额和银行对账单余额的影响。

银行存款余额调节表格式如下：

企业银行存款日记账		银行存款对账单	
项目	金额	项目	金额
银行存款日记账余额 加：银行记增加企业未记增加 减：银行记减少企业未记减少		银行对账单余额 加：企业记增加银行未记增加 减：企业记减少银行未记减少	
调整后余额		调整后余额	

经过银行存款余额调节表调节后，如果双方的余额相等，则表明双方记账基本正确，而这个相等的金额表示企业可动用的银行存款实有数；若不符，则表示本单位及开户银行的一方或双方存在记账错误，应进一步查明原因，采用正确的方法进行更正。

企业不应该也不需要根据调节的余额调整银行存款日记账的余额，银行存款余额调节表不能作为记账的原始依据。对于银行已入账而企业尚未入账的未达账项，企业应在收到有关结算凭证后再进行有关账务处理。

【做中学】

例：某公司 20×× 年 6 月 25—30 日银行存款日记账和银行提供的对账单如下所示。

银行存款日记账

存款种类：基本存款户

第 × 页

20×× 年		凭证号		摘要	结算凭证		收入	支出	借或贷	结余	√
月	日	种类	号数		种类	号数					
6	25	银收	8	销售产品	托收	4333	20 000		借	150 000	
	25	银付	11	采购 A 材料	转支	5170		24 000	借	126 000	
	26	银付	12	采购运费	转支	5171		1 000	借	125 000	
	27	银付	13	提现	现支	4293		20 180	借	104 820	
	27	银付	14	支付办公费	转支	5172		720	借	104 100	
	28	银收	9	收前欠货款	电汇		11 200		借	115 300	
	29	银收	10	销售产品	转支	6688	21 600		借	136 900	
	30	银付	15	付保险费	现支	4294		8 400	借	128 500	

银行对账单

户名：×× 公司

账号：0011233

20×× 年		结算凭证			存入	支出	结余
月	日	现金支票	转账支票	其他			
6	24			托收	20 000		150 000
	25		5170			24 000	126 000
	26		5171			1 000	125 000
	27	4293				20 180	104 820
	27		5172			720	104 100
	28			托收	37 000		141 100
	28			电汇	11 200		152 300
	30			托收		14 500	137 800

该企业银行存款日记账期末余额为 128 500 元，银行对账单上余额为 137 800 元。经逐笔核对，查明有以下未达账项：

（1）该企业销售乙种产品收到货款 21 600 元（转账支票）；银行尚未收到单据，没有入账。

（2）该企业支付保险费 8 400 元（现金支票）；银行尚未收到单据，没有入账。

（3）银行代企业收到嘉华公司款项 37 000 元，已划入企业存款账；企业尚未收到有关凭证，没有入账。

（4）银行代企业支付水电费 14 500 元，已从企业存款账划出；企业尚未收到有关凭证，没有入账。

根据上述资料，编制银行存款余额调节表，如下表所示。

银行存款余额调节表

20×× 年 6 月 30 日　　单位：元

项目	金额	项目	金额
企业银行存款日记账余额	128 500	银行对账单余额	137 800
加：银行已收、企业未收	37 000	加：企业已收、银行未收	21 600
减：银行已付、企业未付	14 500	减：企业已付、银行未付	8 400
调节后存款余额	151 000	调节后存款余额	151 000

观察与思考

银行对账单、银行存款余额调节表是原始凭证吗？能否把银行存款余额调节表作为更改账簿记录的凭证？调整后余额是否反映了企业可以动用的银行存款数额？

实践练习

【目的】练习银行存款余额调节表的编制。

【资料】某公司 20×× 年 5 月 30 日银行存款日记账余额为 153 350 元，银行对账单余额为 269 496 元。经核对发现下列未达账项：

（1）向银行借款 100 000 元，银行已转入本公司存款户，但本公司尚未记账。

（2）送存银行一张转账支票，金额 11 124 元，因付款单位存款余额不足而被退回，本公司尚未接到通知。

（3）向供货单位开出一张转账支票，金额 47 320 元，因持票人尚未到银行办理手续，银行尚未转账。

（4）公司收入现金 16 800 元已送存银行，但银行尚未入账。

（5）银行已从本公司存款户中划转贷款利息费用 3 250 元，公司尚未接到通知。

【要求】根据上述资料，编制银行存款余额调节表。

银行存款余额调节表

年　月　日

项目	金额	项目	金额
银行存款日记账余额		银行对账单余额	
调节后余额		调节后余额	

任务四　存货清查

【任务目标】

知识目标： 理解存货盘存制度内涵，掌握存货清查方法及其清查结果的账务处理。

能力目标： 掌握两种盘存制度的适用范围；能准确进行存货清查的核算。

素养目标： 具有处理实际问题的基本能力。

【学习准备】

资料准备： 收集、了解与存货清查有关的信息资料。

学时安排： 讲授 4 学时，专业实践 4 学时。

【知识结构图】

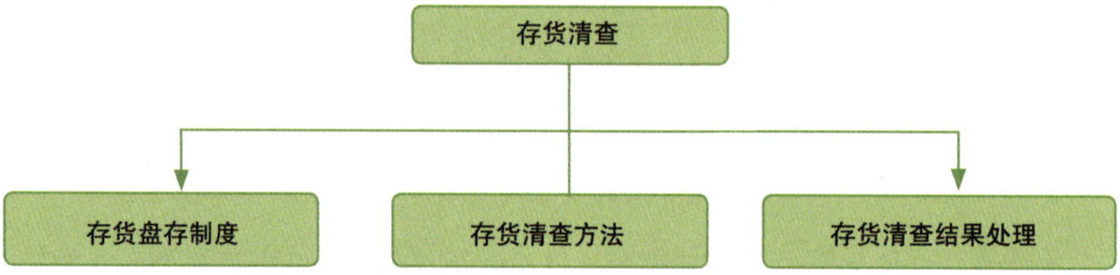

活动 1　认知存货盘存制度

做一做

案例 1：假如一个会计班人数 40 人，上学期结余班费有 200 元，新学期开学后，学校又按每人 10 元拨付班费，共拨付 400 元，而参加校运会的开支为 300 元，班活动开支为 100 元，则期末时班费还剩多少？

案例 2：假如上学期结余班费有 200 元，新学期开学后，学校按每人 10 元拨付班费，共拨付 400 元，期末时班费还剩 100 元，生活委员没有把每笔开支登记好，那怎么算出支出了多少？

请你分别计算出结果。你是否知道这种确认存货数额的方法就是存货盘存制度？你能否判断自己采用的是哪种盘存制度？

存货的盘存制度是用于确定存货的期末账面余额，并计算存货发出数额的方法。存货的盘存制度有两种：永续盘存制与实地盘存制。两者虽然都属于存货的盘存制度，都需要在期末实地盘点，但仍然有区别。

种类 项目	实地盘存制	永续盘存制
概念	是平时对存货只在账簿中登记增加数、不登记减少数，期末通过实地盘点的实存数，倒挤出存货减少数的方法	亦称账面盘存制，是根据账簿记录计算账面结存数量的方法
账面记录	平时账上只记增加数，不记减少数	增加数、减少数都要详细记录
计算方法	只能在期末通过盘点倒推出本期减少数	随时根据账面记录计算出结存数
计算公式	期末存货结存金额 = 期末存货盘点数量 × 存货单价 本期存货减少金额 = 期初存货账面结存金额 + 本期存货增加金额 − 期末存货结存额	期末存货账面结存金额 = 期初存货账面结存金额 + 本期存货增加金额 − 本期存货减少金额
优点	核算工作简单，工作量小	便于随时掌握存货的占用情况及其动态，有利于加强对存货的管理
缺点	无法结算出日常的账面余额，不能及时了解和掌握日常存货的账面结存情况，且存货的减少数计算缺少严密的手续	存货的明细分类核算工作量较大
适用范围	适用于品种多、价值低、交易频繁的商品存货	适用范围广，绝大多数企业采用

想一想

王强毕业后到了一家高档保温瓶厂上班，负责仓库物资的保管工作。后来发现，该企业管理比较混乱，规章制度缺失。王强性格外向，善于交际，一直希望能调到市场部工作。一天，市场部负责人张磊要从仓库里拿几个保温瓶，王强二话没说，拿了几个就给了张磊。期末盘存库存商品时，王强将张磊拿走的几个保温瓶，都算入了本期销售的数量中。你能判断企业对库存商品采用的是什么盘存制度吗？如果你是王强，会怎么做？你对提高企业的管理水平有何建议？

观察与思考

超市、服装厂、鲜活商店等经营的库存商品，是否适合采用实地盘存制？说说理由。

活动 2　探究存货清查方法

想一想

一个企业的存货有哪些？你认为对这些存货清查要采用哪些方法？

存货清查一般采用实地盘点法、技术推算盘点法和抽样盘存法。

一、实地盘点法

实地盘点法是到实物保管现场，通过点数、过磅、量尺等方法来确定实物的实存数量的方法。具体可通过逐一清点或用标准计量器具来确定实存数量。这种方法适用范围较广，对机器设备、库存现金及存货的清查，一般都可采用这种方法。

二、技术推算盘点法

技术推算盘点法是指利用技术方法推算财产物资实存数的方法。该方法主要适用于那些大量成堆、价廉笨重且不能逐项清点的物资，如露天堆放的煤、砂石、焦炭等。使用这种方法时，必须做到测定标准重量比较准确、整理后的形状符合规定要求。只有这样，计算出的实际数额才能接近实际。

三、抽样盘存法

抽样盘存法是指抽样盘点法，就是对某些价值小、数量多、不便逐一点数的财产，采取从其总体或总量中抽取少量样品，确定其样品的数量，然后再计算其总体数量的方法。

观察与思考

对于委托外单位加工、保管的财产物资，通过什么方法进行清查呢？

活动 3　存货清查结果处理

想一想

某企业的副总吴某，将企业库存的部分钢材借给其亲属使用，但未办理任何手续。年底清查人员盘点时发现盘亏了钢材，价值 30 000 元。经调查得知是吴副总所为，于是派人向其亲属索要。但其亲属称该批钢材已被偷走。当问及吴副总对此的处理意见时，他建议按正常损耗处理。盘亏的钢材按正常损耗处理是否符合规定？企业应该怎样正确处理盘亏的存货？

存货清查过程：填制盘存单→填制实存账存对比表→编制记账凭证→登记账簿。

一、填制盘存单

盘点时，有关财产物资的保管人员应该在场参加盘点工作，对各项财产物资的盘点结果，应逐一如实地登记在盘存单（格式见下表）上，并由参加盘点的人员和实物保管人员同时签章生效。盘存单是记录各项财产物资实存数量盘点的书面证明，也是财产清查工作的原始凭证之一。

盘存单

单位名称：　　　　　　　　盘点时间：　　　　　　　　编号：

财产类别：　　　　　　　　存放地点：

序号	名称	规格	计量单位	实存数量	单价	金额	备注

盘点人（签章）：　　　　　　　　保管人（签章）：

二、填制实存账存对比表

盘点结束后，还要根据盘存单中所记录的实存数额与财产物资明细分类账的有关账簿记录的账面结存余额，填制实存账存对比表，查明实存数和账存数是否一致，以确定实物财产盘盈或盘亏的数额。实存账存对比表是调整账面记录的原始凭证，也是分析盈亏原因、明确经济责任的重要依据。其格式如下表所示。

实存账存对比表

单位名称：　　　　　　　　　　　　　　　　　　年　月　日

序号	名称	规格	计量单位	单价	实存		账存		盘盈		盘亏		备注
					金额	数量	金额	数量	金额	数量	金额	数量	

盘点人（签章）：　　　　　　　　　　　　　　　会计（签章）：

三、编制记账凭证

如果实存账存对比表中的实存数与账存数不一致，说明存货清查发现了问题，企业应及时查明原因，根据实存账存对比表编制记账凭证，再登记账簿，调整账面记录。

（1）对于盘盈的存货，审批前，按实际成本借记“原材料”“库存商品”等账户，贷记“待处理财产损溢”账户；审批后，借记“待处理财产损溢”账户，贷记“管理费用”账户。

（2）对于盘亏、损毁的存货，在批准处理前，应按实际成本借记“待处理财产损溢”账户，贷记“原材料”“库存商品”等账户；报经批准后，按规定转销。属于应收回的保险赔偿和责任人赔偿的，借记“其他应收款”；属于非常损失部分，借记“营业外支出”账户；属于一般性经营损失部分，借记“管理费用”账户。

【做中学】

1. 某单位在财产清查中发现盘盈甲种材料 500 元，经查明原因是收发过程中计量不准造成的，经批准冲减企业管理费用。

审批前，根据“实存账存对比表”中核定的上述数额，编制记账凭证并据以登记入账：

借：原材料——甲材料　　　　　　　　　　　　　　500

　　贷：待处理财产损溢——待处理流动资产损溢　　　　500

审批后，根据审批意见，编制记账凭证，并据以登记入账：

借：待处理财产损溢——待处理流动资产损溢　　　　500

　　贷：管理费用　　　　　　　　　　　　　　　　　500

2. 某单位在财产清查过程中，发现乙种材料亏损 5 000 元，其中属于定额内损耗 200 元；由于保管员失职造成损失 500 元；由于自然灾害造成损失 4 300 元。报经批准，对盘亏材料做如下处理：定额内损耗列作管理费用；保管员失职造成的损失，由过失人赔偿；因自然灾害造成的损失，其中 4 000 元由保险公司赔偿，余下列入营业外支出。

审批前，根据实存账存对比表中核定的上述数额，编制记账凭证并据以登记入账：

借：待处理财产损溢——待处理流动资产损溢　　5 000

　　贷：原材料——乙种材料　　5 000

审批后，根据审批意见，编制记账凭证，并据以登记入账：

借：管理费用　　200

　　其他应收款——×××保管员　　500

　　　　　　　——保险公司　　4 000

　　营业外支出——非常损失　　300

　　贷：待处理财产损溢——待处理流动资产损溢　　5 000

做一做

有条件的同学，运用所学知识，在业余时间对本学校的校办企业或学校超市进行一次财产清查，并记录整个清查过程。大家一起谈谈进行的是哪类财产清查，用到了哪些清查方法，并对清查结果进行分析、处理。

实践练习

【目的】练习存货清查的处理。

【资料】某企业在财产清查中发现下列问题：

（1）盘盈 A 材料 50 千克，单位成本 30 元，经查是多次少发料积累而成。批准冲减企业管理费用。

（2）盘亏甲产品 70 件，单位成本 100 元，经查其中定额内损耗 20 件；由于保管员失职造成损失 10 件；由于水灾造成损失 40 件。

【要求】做出账务处理。

任务五　固定资产清查

【任务目标】

知识目标： 掌握固定资产清查方法。

能力目标： 会填写固定资产盘存表和固定资产盘盈盘亏报告单。

素养目标： 强化学生维护企业资产安全完整、防止资产流失意识，实现资产的有效利用。

【学习准备】

资料准备： 收集固定资产明细盘点表、固定资产卡片、已盘点资产粘贴标识、固定资产盘存表和固定资产盘盈盘亏报告单等表单及与固定资产清查有关的信息资料。

学时安排： 讲授 1 学时，专业实践 1 学时。

【知识结构图】

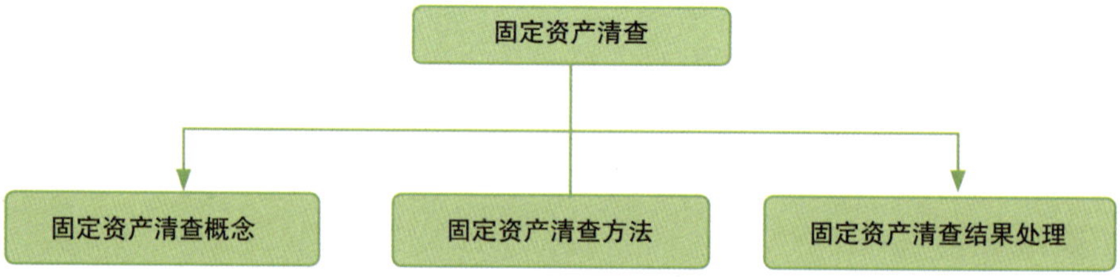

活动 1　探究固定资产清查方法

想一想

固定资产是企业开展经营活动的物质基础，在企业的资产总额中占有很大的比重，对其清查每年至少应进行一次。你知道对固定资产的清查会采用什么方法吗？有哪些具体步骤？

固定资产清查是指从实物管理的角度对单位实际拥有的固定资产进行实物清查，并与固定资产进行账务核对，确定盘盈、毁损、报废及盘亏资产。固定资产的清查一般采用实地盘点法。主要清查步骤如下。

步骤 1：进行固定资产实地盘点。

固定资产的盘点应分类进行，在盘点账面记载的固定资产时以账查物，具体做法就是将固定资产卡片与固定资产实物进行逐一核对。账实相符者在卡片中作标记，账实不符者，如果是固定资产盘亏或损毁，则要进一步查明该项固定资产的原值、已提折旧额；如果是固定资产盘盈，则要对其估价，以确定盘盈固定资产的重置价值、估计折旧等。

步骤 2：登记固定资产盘点表。

将盘点后的固定资产全部录入固定资产盘点表，再将该表与固定资产卡片逐一核对，对二者之间的差异，计算盘盈、盘亏情况。

固定资产盘点表

部门：　　　　　　　　　　　　清查日期：　年　月　日

固定资产名称	数量	盘盈		盘亏		备注
		重置价值	估计折旧	原值	累计折旧	
合计						

车间主任：　　　　　　　　　　　　清查人员（签章）：

步骤 3：编制固定资产盘盈盘亏报告单。

根据固定资产盘存表编制固定资产盘盈盘亏报告单，提出对固定资产盘点结果的处理意见。

固定资产盘盈盘亏报告单

时间：　年　月　日

<table>
<tr><th rowspan="2" colspan="2">固定资产名称</th><th colspan="3">盘盈</th><th colspan="3">盘亏</th><th rowspan="2">原因</th></tr>
<tr><th>数量</th><th>重置价值</th><th>估计折旧</th><th>数量</th><th>原始价值</th><th>已提折旧</th></tr>
<tr><td colspan="2"></td><td></td><td></td><td></td><td></td><td></td><td></td><td></td></tr>
<tr><td colspan="2">合计</td><td></td><td></td><td></td><td></td><td></td><td></td><td></td></tr>
<tr><td rowspan="2">处理意见</td><td>使用部门</td><td colspan="3">清查小组</td><td colspan="4">审批部门</td></tr>
<tr><td></td><td colspan="3"></td><td colspan="4"></td></tr>
</table>

制表：　　　　　　　　　　会计主管：　　　　　　　　　　企业主管：

活动 2　固定资产清查结果处理

想一想

对固定资产的清查会出现哪些情况？会计上又将如何处理账务？

固定资产清查结果不外乎出现盘亏、盘盈两种情况。

第一种情况，对于盘盈的固定资产，应作为前期会计差错通过“以前年度损益调整”账户核算，不通过“待处理财产损溢”账户核算。按其同类或类似固定资产的市场价值，减去该项固定资产按新旧程度估计的价值损耗后的余额，借记“固定资产”账户，贷记“以前年度损益调整”账户。

【做中学】

某企业在财产清查过程中发现账外机器设备一台，其全新市场价值为 50 000 元，八成新。

借：固定资产　　　　40 000

　　贷：以前年度损益调整　　　　4 000

第二种情况，对于财产清查中发现盘亏或毁损的固定资产，按盘亏固定资产的净值，借记“待处理财产损溢”账户，按已计提的累计折旧，借记“累计折旧”账户，按固定资产的原价，贷记“固定资产”账户。报经批准后处理时，按可收回的保险赔偿或过失人赔偿，借记“其他应收款”账户，按净损失记入“营业外支出”账户的借方。

【做中学】

某企业在财产清查过程中，发现盘亏设备一台，账面原价为 10 000 元，已提折旧 1 500 元，报经批准，做减少固定资产处理。

发现盘亏时：

借：待处理财产损溢——待处理非流动资产损溢　　8 500

　　累计折旧　　1 500

　　贷：固定资产　　10 000

审批后，根据审批意见，编制记账凭证，登记入账：

借：营业外支出——固定资产盘亏　　8 500

　　贷：待处理财产损溢——待处理非流动资产损溢　　8 500

观察与思考

在实际工作中，固定资产盘盈或盘亏情况会经常出现吗？为什么？

实践练习

【目的】练习固定资产清查的处理。

【资料】某企业在财产清查过程中，发现盘亏海尔笔记本电脑一台，账面原价为5 000元，已提折旧2 000元，联想笔记本电脑一台，账面原价为6 000元，已提折旧1 000元，报经批准，海尔电脑由责任人赔偿，联想电脑因责任不明，做损失处理。

【要求】做出账务处理。

任务六　往来款项清查

【任务目标】

知识目标：理解往来款项含义，掌握往来款项清查方法。

能力目标：会编制往来款项清查表。

素养目标：加强对往来款项的管理，强化应收款项的催收工作。

【学习准备】

资料准备：收集应收应付款、预收预付款明细分类账资料和往来款项清查表等表单及与往来款项清查有关的信息资料。

学时安排：讲授1学时，专业实践1学时。

【知识结构图】

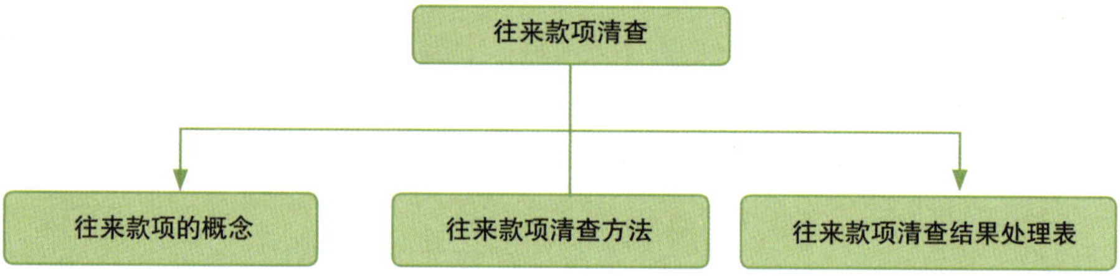

活动1　探究往来款项清查方法

想一想

企业之间因赊销商品而发生的应收、应付款项，在会计上该如何处理？什么是“往来款项”？包括哪些内容？企业之间的这种债权债务如何清查核对？

往来款项是指单位与其他单位或个人之间的各种应收、应付款项，预收、预付款项，以及其他应收、应付款项。为了保证往来款项账目的正确性，企业应当定期或者至少在每年年终了时对应收、应付款项进行全面检查。

往来款项的清查一般采取发函与对方核对账目的方法进行（即询证核对法）。具体步骤如下。

步骤1：确认本单位的账簿记录准确无误。

清查时，首先将本企业的各项应收、应付等往来款项正确完整地登记入账，并确认本单位账簿记录准确无误后，再向对方单位填发对账单。

步骤2：填发往来款项对账单。

清查单位要按每一往来单位编制往来款项对账单，派人或发函送达对方。对账单按明细分类账逐笔抄列，其格式一般为一式两联，其中一联是回单，送交对方单位并委托对方单位进行核对。如果对方单位核对相符无误，应在回单联上盖章后退回本单位；如经核对不符，对方应在回单联上注明情况，以便进一步核对。

往来款项对账单

______________公司：

你单位20××年3月4日购买我单位A产品200件，单价440元，货款及税金共计93 600元，尚未支付，请核对后将回单寄回。

清查单位（盖章）

20××年6月30日

沿此虚线剪开，将以下回单联寄回

- -

往来款项对账单（回单）

______________清查单位：

你单位寄来的往来款项对账单已收到，经核对相符无误。

×××单位（盖章）

20××年7月10日

步骤3：编制往来款项清查报告表。

收到对方的回单联后，要进行分户、分类汇总：一类是“核对无误”的往来款项，另一类是“核对有误”的往来款项。对不符或有错误的账目应及时派人到往来单位进行核实，查明原因，并按规定的手续和方法进行更正。

往来款项清查全部结束后，应根据清查结果编制往来款项清查报告表。对其中有财务纠纷的款项，以及无法收回或无法清偿的款项，应详细说明情况，报请财产清查小组或上级处理，以便做出相应的账务处理。

往来款项清查报告表

账名称：　　　　　　　　　　　　年　月　日

明细分类账		清查结果		核对不符原因和金额			备注
账户名称	账面金额	核对相符金额	核对不符金额	未达账项金额	有争议款项	合计	

清查人员（签章）：　　　　　　　　会计（签章）：

步骤4：制定往来款项处理意见和措施。

往来款项清查结果经研究后，应制定处理意见和措施，该收回的款项要积极催收，该归还的款项要及时主动归还；对有争议的账款要共同协商及时处理，不能协商解决的，可以通过法律途径进行调解或裁决；对确实无法收回或无法支付的款项应进行账务核销处理，并在备查簿上进行记录。

想一想

组织学生对本学校的校办工厂的往来款项进行一次清查，协助企业催收欠款，并记录整个清查过程。然后，大家一块座谈，这次采用的是哪种清查方法？讨债过程中遇到了哪些问题？如何避免经营过程中的三角债？怎样加强外债的催收工作？

活动 2　往来款项清查结果处理

议一议

山东有一家鞋厂，公司老板李某在前年从黄先生的达运设备有限公司购进一批机器后，3 年多没有付款，总共欠了 68 万元。后来黄先生等人上门催款，都被其拒绝。经过了解，发现这家公司经营不错，公司法人李某本人拥有“奥迪”车一辆，在某高档小区有三套房。可以确定李某对欠黄先生的货款是有偿还能力的，属于恶意拖欠。对此情况，达运设备有限公司专门成立债务追收小组，提前制订好计划，先安排部分人员守在李某鞋厂的大门外，再派会计人员到其鞋厂找李某，对他说，如果不立马还款，门外的人员就会在鞋厂门前挂上“欠债还款”等大条横幅。李某见势不妙，很快答应还钱。果不其然，当天下午黄先生就收到了李某的欠款 68 万元。

黄先生这种清查债务的方法是否可取？对于往来款项清查结果，会计上怎样处理账务？

在财产清查中确实无法收回的应收款和无法支付的应付款，不通过“待处理财产损益”账户核算。

其一，企业对于在外无法收回的应收款项，凡符合规定条件的，应确认为坏账损失。

对于确认的坏账损失，企业采用备抵法进行会计核算。备抵法是指采用一定的方法按期估计坏账损失，计入当期费用，形成坏账准备，贷坏账实际发生时，冲销已计提的坏账准备和相应的应收账款。

【做中学】

某企业应收某单位账款 3 000 元，已确认无法收回，转作坏账损失：

借：坏账准备　　3 000

　　贷：应收账款——××× 单位

其二，对于无法支付的应付款项，列作“营业外收入”处理。

【做中学】

某企业应付某单位账款 4 000 元，由于对方撤销其机构，已确认无法支付，转作“营业外收入”：

借：应付账款——单位　　　　4 000

　　贷：营业外收入　　　　　　4 000

观察与思考

1. 往来款项清查采用什么方法？

2. 对于无法应收、应付款项如何进行账务处理？

项目综合练习

参考答案

一、单项选择题（下列各题，只有一个符合题意的正确答案，将正确选项填入括号内）

1. 财产清查是指通过对货币资金、实物资产和往来款项等财产物资进行盘点或核对，并确定其实存数，查明（　　）是否相符的一种专门方法。

A. 账证　　B. 账账　　C. 账实　　D. 账表

2. 出纳员在每日业务终了时进行的清查工作属于（　　）。

A. 全面清查和定期清查　　B. 局部清查和不定期清查

C. 全面清查和不定期清查　　D. 局部清查和定期清查

3. 一般而言，单位撤销、合并时，要进行（　　）。

A. 定期清查　　B. 全面清查　　C. 局部清查　　D. 不定期清查

4. 对贵重物资至少每月清查盘点一次，这类清查指的是（　　）。

A. 局部清查　　B. 全面清查　　C. 不定期清查　　D. 抽样检查

5. 企业更换财产物资保管员时进行的清查属于（　　）。

A. 定期清查　　B. 不定期清查　　C. 局部清查　　D. 全面清查

6. 下列项目的清查应采用询证核对法的是（　　）。

A. 原材料　　B. 应付账款　　C. 固定资产　　D. 银行存款

7. 现金清查的方法是（　　）。

A. 技术测算法　　B. 实地盘点法

C. 询证核对法　　D. 与银行对账单相核对

8. 现金清查中无法查明原因的短款，经批准后计入（　　）

A. 管理费用　　B. 财务费用　　C. 其他应收款　　D. 营业外支出

9. 对于现金的清查，应将其清查结果及时填列（　　）。

A. 盘存单　　B. 实存账存对比表

C. 现金盘点报告表　　D. 对账单

10. 对银行存款的清查一般采用（　　）。

A. 实地盘点　　B. 核对账目　　C. 技术推算　　D. 询证核对法

11. 在记账无误的情况下，造成银行对账单和银行存款日记账不一致的原因是（　　）。

A. 应付账款　　B. 应收账款　　C. 未达账项　　D. 外埠存款

12. 采用实地盘存制，平时对财产物资的记录（　　）。

A. 只登记收入数，不登记发出数　　B. 只登记发出数，不登记收入数

C. 既登记收入数，也登记发出数　　D. 不登记收入数，也不登记发出数

13. 对各项财产的增减变化，根据会计凭证连续记载并随时结出余额的制度是（　　）。

A. 实地盘存制　　B. 应收应付制

C. 永续盘存制　　D. 收付实现制

14. 实地盘存制与永续盘存制的主要区别是（　　）。

A. 盘点的方法不同　　B. 盘点的目标不同

C. 盘点的工具不同　　D. 盘亏结果处理不同

15. 对于大量成堆、难以清点的财产物资，应采用的清查方法是（　　）。

A. 实地盘点法　　B. 抽样盘点法　　C. 查询核对法　　D. 技术推算盘点法

16. 实存账存对比表是调整账面记录的（　　）。

A. 记账凭证　　B. 转账凭证　　C. 原始凭证　　D. 累计凭证

17. 在财产清查中发现的存货盘亏，若是属于自然损耗产生的定额内损耗，应于批准时列入（　　）账户。

A. 其他应收款　　B. 营业外支出　　C. 管理费用　　D. 财务费用

18. 对于自然灾害造成的存货盘亏，按其净损失经批准后应借记的会计科目是（　　）。

A. 管理费用　　B. 营业外支出

C. 待处理财产损溢　　D. 销售费用

19. 对于长期挂账的应付账款，在批准转销时应记入（　　）科目。

A. 营业外支出　　B. 营业外收入　　C. 资本公积　　D. 待处理财产损溢

20. 企业12月31日银行存款日记账的余额为150 000元，经逐笔核对，未达账项如下：银行已收、企业未收的92 000元；银行已付、企业未付的2 000。调整后的企业银行存款余额应为（　　）。

A. 240 000元　　B. 60 000元　　C. 56 000元　　D. 244 000元

二、多项选择题（下列各题，有两个或两个以上符合题意的正确答案，将正确选项填入括号内）

1. 造成账实不符的原因主要有（　　）。

A. 财产物资的自然损耗　　B. 财产物资收发计量错误

C. 财产物资的毁损、被盗　　D. 会计账簿漏记、重记、错记

2. 财产清查的主要内容包括（　　）。

A. 货币资金　　B. 实物资产　　C. 无形资产　　D. 往来款项

3. 企业进行全面清查主要发生的情况有（　　）。

A. 年终决算后　　B. 清产核资时　　C. 关停并转时　　D. 更换现金出纳时

4. 下列情况中（　　）可以进行不定期清查。

A. 更换财产和现金保管人员时

B. 发生自然灾害和意外损失时

C. 会计主体发生改变或隶属关系发生变动时

D. 企业关停并转、清产核资、破产清算时

5. 下列清查事项中，属于不定期清查的有（　　）。

A. 单位更换财产保管人员时的清查　　B. 发生非常损失时的清查

C. 有关部门的临时性检查　　D. 现金的每日清查

6. 定期清查的时间一般是（　　）。

A. 年末　　B. 单位合并时　　C. 中外合资时

D. 季末　　E. 月末

7. 银行对账单与银行存款日记账账面余额不一致的原因可能是（　　）。

A. 未达账项　　B. 暂付款项　　C. 应收款项

D. 企业记账错误　E. 银行记账错误

8. 产生未达账项的情况有（　　）。

A. 企业已收款入账，而银行尚未收款入账

B. 企业已付款入账，而银行尚未付款入账

C. 银行已收款入账，而企业尚未收款入账

D. 银行已付款入账，而企业尚未付款入账

9. 银行存款的清查应根据（　　）进行核对。

A. 银行存款余额调节表　　B. 银行存款总分类账

C. 银行存款日记账　　D. 银行对账单

10. 对于未达账项进行账务处理的时间是（　　）。

A. 收到银行转来对账单　　B. 银行存款余额调节表编制完毕

C. 待收到相关的原始凭证　　D. 银行存款余额调节表编制前

11. 编制“银行存款余额调节表”时，计算调节后的余额可以企业银行存款日记账余额（　　）。

A. 加企业未入账的收入款项　　B. 加银行未入账的收入款项

C. 加减企业未入账的支出款项　　D. 减银行未入账的支出款项

12. 常用的实物财产清查方法包括（　　）。

A. 实地盘点法　B. 技术推算法　C. 永续盘存法　D. 抽样盘点法

13. 采用实地盘点法进行清查的项目有（　　）。

A. 固定资产　B. 库存现金　C. 银行存款　D. 往来款项

14. 财产物资的盘存制度有（　　）。

A. 收付实现制　B. 权责发生制　C. 永续盘存制　D. 实地盘存制

15. 实地盘点法一般适用于（　　）的清查。

A. 库存现金　B. 银行存款　C. 存货

D. 固定资产　E. 低值易耗品

16. 对固定资产所采用的清查方法一般是（　　）。

A. 实地盘点法　B. 技术分析法　C. 技术推算法　D. 测量计算法

17. 下列各项中，属于固定资产盘盈结果处理时的原始凭证的是（　　）。

A. 固定资产明细表　　B. 盘点表

C. 实存账存对比表　　D. 固定资产总账

三、实务题

1.【目的】通过练习掌握财产清查结果的处理。

【资料】某企业月末财产清查发现下列账实不符情况：

（1）甲材料盘盈 1 500 元；

（2）乙材料盘亏 250 元；

（3）库存商品溢余 300 元；

（4）盘亏机器设备一台，其账面价值 40 000 元，已提折旧 30 000 元；

以上账项经批准后处理如下：

（1）盘盈的甲材料冲减管理费用；盘亏的乙材料中 50 元属于自然耗损，作管理费用处理，200 元属于保管员失职造成，应赔偿。

（2）盘亏的固定资产，经批准，转作营业外支出处理。

【要求】根据上述资料编制有关会计分录。

2.【目的】通过练习，要求学生一方面要掌握未达账项的基本概念，另一方面要学会编制银行存款余额调节表。

【资料】明光公司某年 10 月 31 日银行存款的账面余额为 194 300 元，银行对账单金额 202 900 元，经核对，公司与银行双方记账都没有错误，但发现下列未达账项：

（1）10 月 29 日公司开出一张 2 500 元的支票购买办公用品，公司已经减少存款记账，但支票尚未送存银行；

（2）10 月 30 日，公司收到其他单位支票 8 200 元，公司已记账，但银行未记账；

（3）10 月 30 日，银行代公司支付的公用事业费 1 700 元，银行已经记账，但付款通知尚未送达银行；

（4）10 月 31 日委托银行收款 16 000 元，银行已收妥但尚未通知公司。

【要求】根据以上有关内容，编制“银行存款余额调节表”，并分析调节后是否需要编制有关会计分录。

项目八　编制会计报表

编制会计报表是会计核算的最后一个环节。在对会计基础的学习过程中，要掌握资产负债表和利润表的编制。初步学点基本的编制方法，待以后学习会计实务等课程时，还需进一步了解相关内容。

任务一　编制资产负债表

【任务目标】

知识目标：掌握资产负债表的编制要点。

能力目标：会编制资产负债表。

素养目标：培养细致严谨的工作态度。

【学习准备】

资料准备：任务情境还原或设置。

学习安排：讲授 6 学时，专业实践 8 学时。

【知识结构】

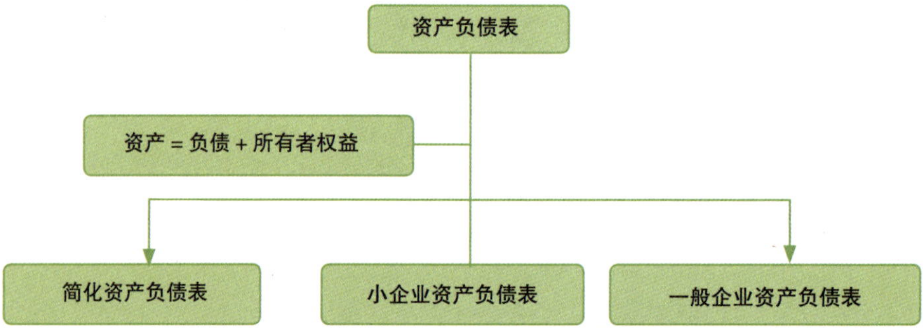

活动1　认知资产负债表

想一想

如何理解资产、负债、所有者权益这三个会计要素之间的关系?

资产负债表是指反映单位在某一特定日期财务状况的会计报表。它是根据“资产 = 负债 + 所有者权益”这一会计等式，依照一定的分类标准和编排顺序，将单位在特定日期的全部资产、负债和所有者权益项目进行适当分类、汇总、排列后编制而成的。它属于静态报表。

资产负债表的作用主要有：①可以提供某一日期资产的总额及其结构，表明企业拥有或控制的资源及其分布情况；②可以提供某一日期的负债总额及其结构，表明企业未来需要用多少资产或劳务清偿债务及清偿时间；③可以反映所有者所拥有的权益，据以判断资本保值、增值的情况及对负债的保障程度。

活动2　编制简化资产负债表

看一看

编制会计报表
——资产负债表

简化资产负债表

编制单位：　　　　　　　　　　年　月　日　　　　　　　　　　单位：元

资产	期末金额	负债及所有者权益	期末金额
流动资产：		流动负债：	
货币资金		短期借款	
应收及预付款项		应付及预收款项	
存货		应付职工薪酬	
		应交税费	
流动资产合计		流动负债合计	

续表

资产	期末金额	负债及所有者权益	期末金额
非流动资产：		非流动负债：	
长期股权投资		长期借款	
固定资产			
无形资产		非流动负债合计	
		所有者权益：	
		实收资本	
非流动资产合计		资本公积	
		留存收益	
		所有者权益合计	
资产总计		负债及所有者权益总计	

【做中学】

蓝海百创有限责任公司 20×× 年 12 月 31 日有关账户如下：

货币资金	2 802 785.00 元
应收及预付款项	1 275 000.00 元
存货	370 000.00 元
长期股权投资	1 800 000.00 元
固定资产	1 240 000.00 元
无形资产	200 000.00 元
短期借款	90 000.00 元
应付及预收款项	640 000.00 元
应付职工薪酬	180 000.00 元
应交税费	33 000.00 元
长期借款	570 000.00 元
实收资本	6 000 000.00 元
资本公积	54 000.00 元
留存收益	120 785.00 元

要求：根据资料，编制该公司的资产负债表。

简化资产负债表

编制单位：蓝海百创有限责任公司　　20×× 年 12 月 31 日　　单位：元

资产	期末金额	负债及所有者权益	期末金额
流动资产：		流动负债：	
货币资金	2 802 785	短期借款	90 000
应收及预付款项	1 275 000	应付及预收款项	640 000
存货	370 000	应付职工薪酬	180 000
		应交税费	33 000
流动资产合计	4 447 785	流动负债合计	943 000
非流动资产：		非流动负债：	
长期股权投资	1 800 000	长期借款	570 000
固定资产	1 240 000		
无形资产	200 000	非流动负债合计	570 000
		所有者权益：	
		实收资本	6 000 000
非流动资产合计	3 240 000	资本公积	54 000
		留存收益	120 785
		所有者权益合计	6 174 785
资产总计	7 687 785	负债及所有者权益总计	7 687 785

我国企业的资产负债表通常采用账户式结构，左方列示资产项目，反映全部资产的分布及存在形态，按照资产的流动性大小排列，通常排列顺序为：货币资金、交易性金融资产、应收及预付款项、存货、长期股权投资、固定资产、无形资产和其他资产等；右方列示负债和所有者权益项目，反映全部负债和所有者权益的内容及构成情况，一般按求偿权的先后顺序排列，短期借款、应付及预收款项、应付职工薪酬、应交税费、长期借款、应付债券，在清算之前不需要偿还的所有者权益排在后面，如实收资本、资本公积、留存收益等。

活动 3　编制资产负债表

看一看

资产负债表

（一般企业）

编制单位：　　　　　　　　　　　　　年　月　日　　　　　　　　　　　　单位：元

资产	期末余额	年初余额	负债和所有者权益（或股东权益）	期末余额	年初余额
流动资产：			流动负债：		
货币资金			短期借款		
交易性金融资产			交易性金融负债		
应收票据			应付票据		
应收账款			应付账款		
预付账款			预收账款		
应收利息			应付职工薪酬		
应收股利			应交税费		
其他应收款			应付利息		
存货			应付股利		
一年内到期的非流动资产			其他应付款		
其他流动资产			一年内到期的非流动负债		
流动资产合计			其他流动负债		
非流动资产：			流动负债合计		
可供出售金融资产			非流动负债：		
持有至到期投资			长期借款		
投资性房地产			应付债券		
长期股权投资			长期应付款		
长期应收款			专项应付款		
固定资产			预计负债		
在建工程			递延所得税负债		
工程物资			其他非流动负债		
固定资产清理			非流动负债合计		
生产性生物资产			负债合计		
油气资产			所有者权益（或股东权益）：		
无形资产			实收资本（或股本）		

续表

资产	期末余额	年初余额	负债和所有者权益（或股东权益）	期末余额	年初余额
开发支出			资本公积		
商誉			减：库存股		
长期待摊费用			盈余公积		
递延所得税资产			未分配利润		
其他非流动资产			所有者权益（或股东权益）合计		
非流动资产合计					
资产总计			负债和所有者（或股东权益）合计		

【做中学】

蓝海百创有限责任公司 20×× 年 4 月 30 日有关总账账户余额资料如下：

账户名称	借方余额	贷方余额
库存现金	1 035.00	
银行存款	801 750.00	
其他货币资金	2 000 000.00	
应收票据	15 000.00	
应收账款	1 200 000.00	
坏账准备		60 000.00
预付账款	100 000.00	
其他应收款	20 000.00	
在途物资	50 000.00	
原材料	135 000.00	
周转材料	25 000.00	
库存商品	165 000.00	
生产成本	55 000.00	
存货跌价准备		10 000.00
长期股权投资	1 800 000.00	
固定资产	1 529 800.00	
累计折旧		279 500.00
固定资产减值准备		10 300.00
无形资产	200 000.00	
短期借款		140 000.00
应付票据		10 000.00

续表

账户名称	借方余额	贷方余额
应付账款		450 000.00
预收账款		150 000.00
应付职工薪酬		180 000.00
应交税费		33 000.00
其他应付款		30 000.00
长期借款		570 000.00
实收资本		6 000 000.00
资本公积		54 000.00
盈余公积		20 000.00
利润分配（未分配利润）		100 785.00

要求：根据资料，编制该公司的资产负债表。

资产负债表

编制单位：蓝海百创有限责任公司　　20×× 年 4 月 30 日　　单位：元

资产	期末余额	年初余额	负债和所有者权益（或股东权益）	期末余额	年初余额
流动资产：		略	流动负债：		略
货币资金	2 802 785		短期借款	140 000	
交易性金融资产			交易性金融负债		
应收票据	15 000		应付票据	10 000	
应收账款	1 140 000		应付账款	450 000	
预付账款	100 000		预收账款	150 000	
应收利息			应付职工薪酬	180 000	
应收股利			应交税费	33 000	
其他应收款	20 000		应付利息		
存货	420 000		应付股利		
一年内到期的非流动资产			其他应付款	30 000	
其他流动资产			一年内到期的非流动负债		
流动资产合计	4 497 785		其他流动负债		
非流动资产：			流动负债合计	993 000	
可供出售金融资产			非流动负债：		
持有至到期投资			长期借款	570 000	
投资性房地产			应付债券		
长期股权投资	1 800 000		长期应付款		
长期应收款			专项应付款		

续表

资产	期末余额	年初余额	负债和所有者权益（或股东权益）	期末余额	年初余额
固定资产	1 240 000		预计负债		
在建工程			递延所得税负债		
工程物资			其他非流动负债		
固定资产清理			非流动负债合计	570 000	
生产性生物资产			负债合计		
油气资产			所有者权益（或股东权益）:		
无形资产	200 000		实收资本（或股本）	6 000 000	
开发支出			资本公积	54 000	
商誉			减：库存股		
长期待摊费用			盈余公积	20 000	
递延所得税资产			未分配利润	100 785	
其他非流动资产					
非流动资产合计	3 240 000		所有者权益合计	6 174 785	
资产总计	7 737 785		负债和所有者（或股东权益）合计	7 737 785	

一、“期末余额”栏的填列方法

资产负债表“期末余额”栏内各项数字，一般应根据资产、负债和所有者权益类科目的期末余额填列，具体方法如下：①根据一个或几个总账科目的余额填列；②根据明细分类账科目的余额计算填列；③根据总账科目和明细分类账科目的余额分析计算填列；④根据有关科目余额减去其备抵科目余额后的净额填列；⑤综合运用上述填列方法分析填列。

二、“年初余额”栏的填列方法

本表的“年初余额”栏通常根据上年年末有关项目的期末余额填列，且与上年年末资产负债表“期末余额”栏一致。如果企业上年度资产负债表规定的项目名称和内容与本年度不一致，应当对上年年末资产负债表相关项目的名称和数字按照本年度的规定进行调整，填入“年初余额”栏。

议一议

按照资产负债表“期末余额”栏的填列方法要求，讨论一下上表中各项目数据是怎样计算填列的，以及分别归结为上述五种方法的哪一种。

实践练习

【目的】熟悉资产负债表有关项目金额的计算。

【资料】A 公司 20×× 年 3 月 31 日部分总账和明细分类账余额如下表所示：

A 公司 20×× 年 3 月 31 日部分账户余额

总分类账户	明细分类账户	借或贷	余额
原材料		借	240 000
在途物资		借	60 000
生产成本		借	100 000
库存商品		借	160 000
应收账款	总账	借	156 000
	甲公司	借	180 000
	乙公司	贷	24 000
应付账款	总账	贷	200 000
	丙公司	贷	220 000
	丁公司	借	20 000
预收账款	总账	贷	80 000
	A 公司	贷	120 000
	B 公司	借	40 000
预付账款	总账	借	41 000
	C 公司	借	63 000
	D 公司	贷	22 000
固定资产		借	500 000
累计折旧		贷	160 000
应交税费		借	2 400
本年利润		贷	256 000
利润分配		借	108 000

【要求】根据所给资料计算资产负债表中下列项目的金额：

（1）存货 =

（2）应收账款 =

（3）预付账款 =

（4）应付账款 =

（5）预收账款 =

（6）固定资产 =

（7）应交税费 =

（8）未分配利润 =

【提示】对于应收账款、预付账款、应付账款、预收账款这四个账户的关系及填列方法，请老师做讲解。

任务二　编制利润表

【任务目标】

知识目标：初步掌握利润表的框架结构。

技能目标：能准确分步计算利润表的相关指标，会编制利润表。

素养目标：认可“利润表”，了解企业的营运业绩。

【学习准备】

资料准备：提前印制不同格式的利润表，学生准备好计算器或算盘等计算工具。

学时安排：讲授 4 学时，专业实践 4 学时。

【知识结构图】

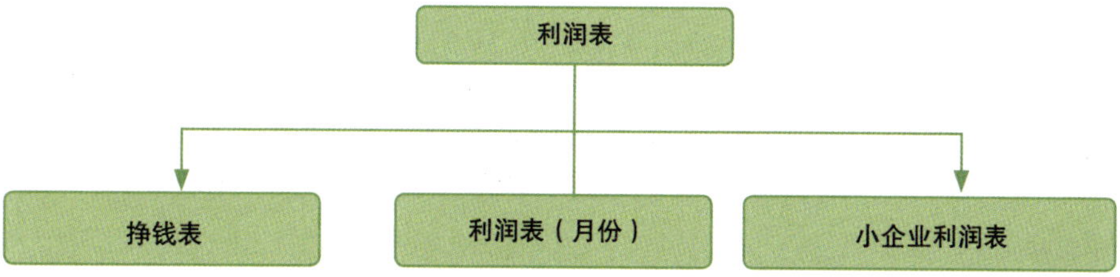

活动 1　编制“蓝海创业社”的“挣钱表”

想一想

蓝海技师学院 20×× 级会计专业的同学们为更贴近真实环境学习会计知识，于 1 个月前成立了创业团队——蓝海创业社，主要为学生提供学习用品及部分生活用品。学院为鼓励大学生创业活动，为学生创业社免费提供一间约 40 平方米的营业用房及部分设施，并且经与税务部门协商，税费全部免除。

开业当天，创业社的成员们印制了海报及一些宣传材料，花费 50 元，为扩大知名度和影响力，聘请学校歌舞队表演，支付劳务费 600 元。

创业初期，由于资金紧张，从学院创业基金中借款 10 000 元，期限 2 个月，约定借款利率 6%（年利率），本月需支付借款利息 50 元。在营业期间，支付了营业员的工资 1 000 元，管理发生费用 200 元。

另外，学院其他专业的同学身患重病，经创业理事会同意后捐赠 300 元。兄弟院校的创业社团无偿捐赠部分商品价值 500 元。

本月获得销售收入 12 000 元，销售成本 5 000 元。

目前，创业社经营正常，且红红火火。

你作为创业社的会计人员，在月度终了时，需要计算一下，创业社本月挣了多少钱。

做一做

根据工作流程，计算蓝海创业社本月挣了多少钱，会计上称为填制“利润表”。

第一步，请计算汇总出本月所有销售商品收入，会计上称为“营业收入”。

第二步，请计算汇总出本月已销商品的进价成本，会计上称为“营业成本”。

第三步，请用第一步计算的结果“营业收入”减去第二步计算的结果“营业成本”，差额会计上称为“毛利”。

第四步，请计算出本月除所得税增值税以外的其他税费，会计上称为“税金及附加”。

第五步，请计算本月为销售商品、扩大影响宣传等发生的费用，包括销售人员的工资，会计上称为“销售费用”。

第六步，请计算出本月管理部门所发生的费用（含管理人员的工资），会计上称为“管理费用”。

第七步，请计算出本月借款所支付的利息费用，会计上称为“财务费用”。

第八步，请用第三步计算的结果“毛利”，依次减去第四步的“税金及附加”、第五步的“销售费用”、第六步的“管理费用”、第七步的“财务费用”，差额会计上称为“营业利润”。

注：差额 > 0，直接列示，表示实现的利润；差额 < 0，用“-”，表示发生的亏损。

第九步，请列示出本月收到的不需偿还的捐赠收入，会计上称为“营业外收入”。

第十步，请列示出本月对外的无偿捐赠支出，会计上称为“营业外支出”。

第十一步，请用第八步计算的结果“营业利润”加上第九步的“营业外收入”减去第十步的“营业外支出”，结果会计上称为“利润总额”。

第十二步，请按照规定计算出本月的所得税，会计上称为“所得税费用”。

第十三步，请用第十一步计算的结果“利润总额”减去第十二步的“所得税费用”，差额会计上称为“净利润”。

利润表的相关计算公式具体如下：

营业利润 = 营业收入 - 营业成本 - 税金及附加 - 销售费用 -
管理费用 - 财务费用 + 投资收益 - 投资损失

其中：

营业收入 = 主营业务收入 + 其他业务收入

营业成本 = 主营业务成本 + 其他业务成本

利润总额 = 营业利润 + 营业外收入 - 营业外支出

净利润 = 利润总额 - 所得税费用

活动 2　编制利润表

做一做

利润表的基本格式如下。

利润表（月报）

编制单位：　　　　　　　　　　年　月　　　　　　　　　　单位：元

项目	本月金额	本年累计金额
一、营业收入		
减：营业成本		
税金及附加		
销售费用		
管理费用		
财务费用		

项目	本月金额	本年累计金额
资产减值损失		
加：公允价值变动收益（损失以“-”填列）		
投资收益（损失以“-”填列）		
其中：对联营企业和合营企业的投资收益		
二、营业利润		
加：营业外收入		
减：营业外支出		
其中：非流动资产处置损失		
三、利润总额（亏损总额以“-”填列）		
减：所得税费用		
四、净利润		
五、每股收益		
（一）基本每股收益		
（二）稀释每股收益		

想一想

利润表的计算步骤：①营业利润；②利润总额；③净利润。

编制会计报表
——利润表

一、利润表的含义及结构

利润表是反映企业在一定会计期间的经营成果的报表。它根据“收入 - 费用 = 利润”会计平衡公式将应填列的项目分为收入项目、费用项目和利润项目。

利润表有两个栏目，即“本期金额”和“上期金额”。“本期金额”栏反映各栏目本月实际发生数，“上期金额”栏反映各项目上一个报告期的实际发生数。实际工作中，在编制中期财务报告利润表时，一般应将“上期金额”栏改为“本年累计金额”栏，反映自年初起至报告期末止的累计实际发生额合计数。

【做中学】

工作任务

蓝海百创有限责任公司 20×× 年 3 月 31 日有关损益类账户的本月发生额资料如下：

单位：元

账户名称	3 月发生额	1—2 月累计发生额
主营业务收入	300 000.00	730 000.00
主营业务成本	240 000.00	584 000.00
其他业务收入	10 000.00	40 000.00
其他业务成本	7 000.00	28 000.00
税金及附加	5 270.00	13 090.00
销售费用	15 500.00	38 500.00
管理费用	31 000.00	77 000.00
财务费用	620.00	1 540.00
投资收益	800.00	2 000.00
营业外收入	1 800.00	
营业外支出		2 100.00
所得税费用	4 620.00	5 554.00

要求：根据资料填列该公司 3 月的利润表。

利润表（月报）

编制单位：蓝海百创有限责任公司　　20×× 年 3 月　　单位：元

项目	本月数	本年累计数
一、营业收入	310 000	1 080 000
减：营业成本	247 000	859 000
税金及附加	5 270	18 360
销售费用	15 500	54 000
管理费用	31 000	108 000
财务费用	620	2 160
加：投资收益（损失以“-”填列）	800	2 800
二、营业利润（亏损以“-”填列）	11 410	41 280
加：营业外收入	1 800	1 800
减：营业外支出		2 100
三、利润总额（亏损以“-”填列）	13 210	40 980
减：所得税费用	4 620	10 174
四、净利润（净亏损以“-”填列）	8 590	30 806

二、利润表的填列方法

利润表中“本月数”栏反映各项目的本月实际发生数；在编报年度财务会计报告时，

填列上年全年累计实际发生数，并将“本月数”栏改成“上年数”栏。如果上年度利润表与本年度利润表的项目名称和内容不一致，应对上年度利润表项目的名称和数字按本年度的规定进行调整，填入本表“上年数”栏。在编报中期和年度财务会计报告时，应将“本月数”栏改成“上年数”栏。利润表“本年累计数”栏反映各项目自年初起至报告期末止的累计实际发生数。

利润表各项目主要根据各损益类账户的本期发生额分析填列。

实践练习

【目的】练习利润的计算。

【资料】甲公司 20×× 年度有关资料如下：

甲公司 20×× 年度有关会计科目的累计发生额

会计科目	1 ~ 12 月累计发生额（元）
主营业务收入	1 750 000
主营业务成本	910 000
税金及附加	133 000
销售费用	140 000
其他业务收入	77 000
其他业务成本	66 500
管理费用	98 000
财务费用	3 500
投资收益	210 000
营业外收入	25 200
营业外支出	52 500
所得税费用	219 681

【要求】计算该公司的营业利润、利润总额和净利润（写出计算过程）。

营业利润 =

利润总额 =

净利润 =

任务三　现金流量表

【任务目标】

知识目标：了解现金流量表的基础知识。

技能目标：能看懂现金流量表。

素养目标：增强全面完整的看待问题的意识，发现现金流量表的独特作用。

【学习准备】

资料准备：提前印制现金流量表若干，准备计算器。

学时安排：讲授 2 学时，专业实践 2 学时。

【知识结构图】

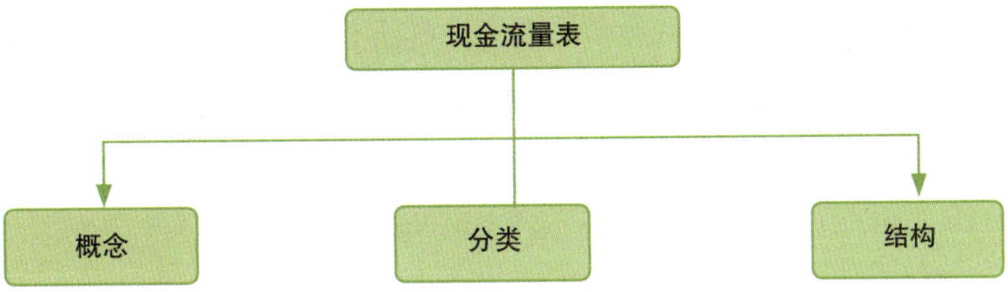

活动 1　认知现金流量表

搜一搜

现金流量表中的“现金”是指什么？现金流量表的起源是什么？

现金流量表是反映在一定会计期间现金和现金等价物流入和流出的报表。

现金是指企业库存现金以及可以随时用于支付的存款，包括库存现金、银行存款和其他货币资金（如外埠存款、银行汇票存款、银行本票存款）等。注意：不能随时用于支付的存款不属于现金。

现金等价物是指企业持有的期限短、流动性强、易于转换为已知金额现金、价值变动风险很小的投资。投资期限短，一般是指从购买日起 3 个月到期。现金等价物通常包括 3 个月到期的债权投资。权益性投资变现的金额通常不确定，因而不属于现金等价物。注意：企业应当根据具体情况，确定现金等价物的范围，一经确定不得随意变更。

活动 2　认知现金流量的分类

想一想

企业的活动有哪些？企业活动产生的现金流量又有哪些？

一、经营活动产生的现金流量

经营活动是指企业投资活动和筹资活动以外的所有交易和事项，主要包括销售商品、提供劳务、购买商品、接受劳务、支付工资和交纳税费等流入和流出现金和现金等价物的活动或事项。

二、投资活动产生的现金流量

投资活动是指企业长期资产的构建和不包括现金等价物范围内的投资及其处置活动，主要包括构建固定资产、处置子公司及其他营业单位等流入和流出现金和现金等价物的活动或事项。

三、筹资活动产生的现金流量

筹资活动是指导致企业资本及债务规模和结构发生变化的活动。主要包括吸收投资、发行股票、分配利润、发行债券、偿还债务等流入和流出现金及现金等价物的活动或事项。偿还应付账款、应付票据等商业应付款属于经营活动，不属于筹资活动。

活动 3　认知现金流量表结构

我国现金流量表采用报告式结构，分类反映经营活动产生的现金流量、投资活动产生的现金流量和筹资活动产生的现金流量，最后汇总反映企业某一期间现金及现金等价物的净增加额。

我国现金流量表的格式如下：

现金流量表

编制单位：　　　　　　　　　　　　　　　年　月　　　　　　　　　　　　　　　单位：元

项目	本期金额	上期金额
一、经营活动产生的现金流量：		
销售商品、提供劳务收到的现金		
收到的税费返还		
收到其他与经营活动有关的现金		
经营活动现金流入小计		
购买商品、接受劳务支付的现金		
支付给职工以及为职工支付的现金		
支付的各项税费		
支付其他与经营活动有关的现金		
经营活动现金流出小计		
经营活动产生的现金流量净额		
二、投资活动产生的现金流量：		
收回投资收到的现金		
取得投资收益收到的现金		
处置固定资产、无形资产和其他长期资产收回的现金净额		
处置子公司及其他营业单位收到的现金净额		
收到其他与投资活动有关的现金		
投资活动现金流入小计		
购建固定资产、无形资产和其他长期资产支付的现金		
投资支付的现金		
取得子公司及其他营业单位支付的现金净额		
支付其他与投资活动有关的现金		
投资活动现金流出小计		
投资活动产生的现金流量净额		
三、筹资活动产生的现金流量：		
吸收投资收到的现金		
取得借款收到的现金		
收到其他与筹资活动有关的现金		
筹资活动现金流入小计		

续表

项目	本期金额	上期金额
偿还债务支付的现金		
分配股利、利润或偿付利息支付的现金		
支付其他与筹资活动有关的现金		
筹资活动现金流出小计		
筹资活动产生的现金流量净额		
四、汇率变动对现金及现金等价物的影响		
五、现金及现金等价物净增加额		
加：期初现金及现金等价物余额		
六、期末现金及现金等价物余额		

任务四　财务报告的认知

【任务目标】

知识目标：了解财务报告的框架结构。

技能目标：编制一套较完整简单财务报告的“四表一注”。

素养目标：在理解和认可会计报表的基础上，接受更高级别会计学中财务报告的内容。

【学习准备】

资料准备：提前印制至少包括“四表一注”完整的财务报告若干份，分发学生。

学时安排：讲授 2 学时。

【知识结构图】

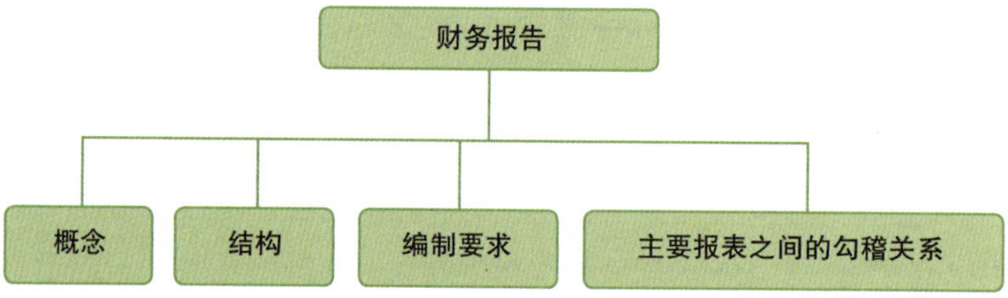

一、财务报告的概念

财务报告是指企业对外提供的反映企业某个特定日期财务状况和某个会计期间经营成果、现金流量等会计信息的文件。

财务报告是企业根据日常的会计核算资料归集、加工和汇总后形成的，是企业会计核算的最终成果。

每个会计期末，企业必须根据账簿上记录的资料，按照规定的报表格式，全面、综合地反映企业的财务状况、经营成果和现金流量情况，为有关方面提供全面的信息。

二、财务报告的构成

财务报告分为年度和中期财务报告。中期财务报告是指以中期为基础编制的财务报告，中期是指短于一个完整会计年度（1 月 1 日—12 月 31 日）的报告期间，如半年度、季度和月度。半年度、季度和月度财务报告统称为中期财务报告。

月报要求简明扼要，及时反映；年度要求揭示完整，反映全面；而季报和半年报在反映会计信息的详细程度方面，介于两者之间。

财务报告包括会计报表及其附注和其他应当在财务报告中披露的相关信息和资料。一套完整的财务报告至少应当包括“四表一注”，即资产负债表、利润表、现金流量表、所有者权益变动表和附注。中期财务报告至少应当包括资产负债表、利润表、现金流量表和附注。

会计报表是财务报告的主要组成部分：资产负债表反映的是企业一定时点上关于财务状况的静态信息，是静态报表；利润表和现金流量表则反映的是企业在一定期间关于经营成果的动态信息，是动态报表。这三张报表共同构成了企业对外报送的三大基本会计报表。

各期间财务报告编制时间要求和基本内容：

（1）月度财务报告。在每月终了时编制，应于月份终了后 6 日内报出，应当包括资产负债表和利润表。

（2）季度财务报告。在每季度终了时编制，应于季度终了后的 15 日内报出，包括内容与月度相同。

（3）半年度财务报告。在每半年度终了时编制，应于年度中期结束后 60 天内报出，一般包括三大基本报表、附表及财务状况说明书。

（4）年度财务报告。在每年年度终了时编制，应于年度终了后 4 个月内报出，包括财务报告的全部内容。

《企业财务会计报告条例》规定，年度结账日为公历年度每年的 12 月 31 日；半年度、季度、月度结账日分别为公历年度的每半年、每季、每月的最后一天。

三、财务报告的编制要求

第一，真实可靠。会计报表必须根据核实无误的账簿及相关资料编制，不得以任何方式弄虚作假。《企业会计准则》规定，会计核算应当以实际发生的交易或事项为依据，如实反映企业的财务状况、经营成果和现金流量。

第二，全面完整。企业在编制会计报表时，应当按照企业会计准则规定的格式和内容填报。特别对某些重要事项，应当按照要求在会计报表附注中进行说明，不得漏编漏报。

第三，编报及时。企业会计报表所提供的信息资料，具有较强的时效性，必须及时编制、及时报送，否则，就失去了其应有的价值，成为相关性较低的甚至不相关的信息。

第四，便于理解。可理解性是指会计报表提供的信息可以为使用者所理解。编制的会计报表应当清晰明了，便于理解和利用。当然，这是建立在会计报表使用者具有一定会计报表阅读能力的基础上的。

四、主要报表之间的勾稽关系

（一）表内关系

资产负债表的表内重要“勾稽关系”：资产 = 负债 + 所有者权益。

利润表的表内重要“勾稽关系”：收入 − 成本费用 = 利润。

现金流量表的表内重要“勾稽关系”：流入的现金 − 流出的现金 = 余下的现金。

（二）表间关系

资产负债表和利润表主要是资产负债表中未分配利润的期末数减去期初数，等于损益表的未分配利润项（未分配利润就是企业支付成本费用，取得收入，然后交了税金，付完利息，将余下的利润分给股东之后，最后余下的钱，企业的所有活动产生的经济效果，到最后都要体现到未分配利润中，做个最后的了结）。

资产负债表同现金流量表之间的关系，主要是资产负债表的现金、银行存款及其他货币资金等项目的期末数减去期初数，应该等于现金流量表最后的现金及现金等价物净流量。

项目综合练习

参考答案

习题一

【目的】 练习资产负债表的编制。

【资料】 某企业 20×× 年 11 月末资产负债表及有关资料如下：

资产负债表（简化格式）

单位：元

资产	金额	负债及所有者权益	金额
货币资金	30 000	应付账款	16 000
存货	30 000	实收资本	120 000
固定资产	80 000	未分配利润	4 000
资产总计	140 000	负债及所有者权益总计	140 000

该企业 12 月发生下列经济业务：

（1）生产产品领用材料 23 280 元。

（2）本月应付职工工资 10 000 元，其中，产品生产工人工资 6 000 元，车间管理人员工资 2 000 元，厂部管理人员工资 2 000 元。

（3）以银行存款 1 000 元支付本月全厂水电费。

（4）计提固定资产折旧费 4 800 元，其中，车间应提 3 600 元，厂部应提 1 200 元。

（5）月末将本月制造费用转入产品生产成本。

（6）本月生产产品全部完工验收入库，结转生产成本。

（7）本月销售产品共计 1 600 件，每件售价 40 元，增值税率 13%，货款存入银行。

（8）从银行提取现金 10 000 元并发放工资。

（9）结转本月已销售产品的实际生产成本 34 880 元。

（10）将本月实现的产品销售收入予以转账。

（11）将本月发生的产品销售成本、管理费用予以转账。

（12）按 25% 的税率计算并结转应交所得税。

（13）结转全年实现的净利润。

（14）按税后利润的 10% 计提盈余公积。

【要求】 1. 根据上述资料编制会计分录。

2. 根据上述资料编制该企业 20×× 年 12 月 31 日资产负债表（年初余额略）。

资产负债表（简化格式）　　　　单位：元

资产	金额	负债及所有者权益	金额
资产总计		负债及所有者权益总计	

习题二

【目的】练习利润表的编制。

【资料】乙公司20×× 年 11 月有关损益类账户发生额如下表所示：

单位：元

账户名称	发生额	账户名称	发生额
主营业务收入	130 000	管理费用	19 120
主营业务成本	65 000	财务费用	800
税金及附加	4 500	投资收益	3 000
销售费用	20 000	营业外收入	1 100
其他业务收入	2 000	营业外支出	500
其他业务成本	1 200	所得税费用	6 620
资产减值损失	1 000	公允价值变动收益	2 500

【要求】根据以上资料编制多步式利润表。

利润表（月报）

编制单位：　　　　年　月　　　　单位：元

项目	本月金额	本年累计金额
一、营业收入		
减：营业成本		
税金及附加		
销售费用		
管理费用		
财务费用		
资产减值损失		
加：公允价值变动收益（损失以“–”填列）		
投资收益（损失以“–”填列）		
其中：对联营企业和合营企业的投资收益		